Michael Schottenberg

Von der Bühne in die Welt

W0066298

Michael Schottenberg

Von der Bühne in die Welt

UNTERWEGS IN VIETNAM

Mit 50 Fotos

Amalthea
Verlag

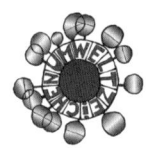

Besuchen Sie uns im Internet unter: amalthea.at

© 2017 by Amalthea Signum Verlag, Wien
Alle Rechte vorbehalten
Umschlaggestaltung: Elisabeth Pirker/OFFBEAT
Umschlagfotos sowie alle Fotos im Buch: © Michael Schottenberg
Herstellung und Satz: VerlagsService Dietmar Schmitz GmbH, Heimstetten
Gesetzt aus der 11,25/14,7 pt Minion Pro
Designed in Austria, printed in the EU
ISBN 978-3-99050-091-0

Inhalt

Flug VN 036 (Frankfurt – Hanoi, 26. August)

Flughafen *Frankfurt*, Gate 8, *Flug VN 036*. Die Boeing 747 der Vietnam Airlines ist zum Einsteigen bereit. Wie lange habe ich auf diesen Moment gewartet. Der riesige, hellblau bemalte Vogel soll mich nach elfstündigem Flug nach *Hanoi/Vietnam* bringen. Der Flug wird mein Leben verändern. In diesen Tagen habe ich meinen Beruf als Direktor des Volkstheaters Wien, eines der größten deutschsprachigen Theater beendet. Knapp tausend Menschen hatten in meinem Haus Platz. Tausend Karten, die täglich zu verkaufen waren. Dazu kamen noch vier andere Bühnen, darunter ein eigenes Tourneeunternehmen. Theater war der Mittelpunkt meines Lebens. Vierzig Jahre lang habe ich daran gearbeitet, die Welt zu verändern. Die Welt ist immer noch die gleiche. Vierzig Jahre lang habe ich Geschichten erzählt. Hoffentlich haben sie Nachdenken, vielleicht sogar Lachen ausgelöst. Vierzig Jahre lang stand ich in der Öffentlichkeit und musste mich dafür, was ich tat, verantworten.

Oft meinte es mein Publikum gut mit mir, oft auch nicht. Lange, allzu lange bildeten Schauspieler und Mitarbeiter den Mittelpunkt meines Lebens. Nun ist es Zeit, an mich selbst zu denken. Mein einstmals geliebter Beruf wurde mir mit den Jahren mehr und mehr zur Belastung. Wie oft musste ich Kompromisse eingehen, um die schönste aller Nebensachen zur Hauptsache zu behaupten. Solange die Lust am Überwinden von Unwägbarkeiten überwiegt, so lange ist es gut. Ist der Enthusiasmus vorbei, verkehren sich Mühen in Schmerzen.

Ich habe mich entschlossen mein Leben neu zu ordnen. Tatsächlich habe ich mehr erreicht als ich zu Beginn meines Weges zu hoffen wagte. Nun will ich es gut sein lassen, es ist ja gut. Ich habe Sehnsucht nach einer anderen Welt – einer mir unbekannten Welt. Meine Reiselust hat mich oft schon an wunderbare Orte geführt. Aber zu vieles blieb unentdeckt. Ich fühle mich noch jung genug, um Neuland zu betreten. Mein Fernweh wurde in den letzten Jahren des Durchhaltens schmerzhaft groß. Natürlich war meine bisherige Zeit eine gute Zeit. Jetzt aber will ich all das zurücklassen. Das Reisen soll den Großteil meines künftigen Lebens ausmachen. Ich freue mich auf neue, geschenkte Jahre.

»*Vermehrt Schönes!*« steht auf dem Umschlag des kleinen, grauen Heftchens, das durch Zufall auf meinem Schreibtisch landete und dem ich in den nächsten Wochen meine Gedanken anvertrauen möchte. Der Abschied macht mich wehmütig. Vor einigen Stunden noch habe ich dich im Arm gehalten. Fünf Wochen lang werden wir getrennt sein, zehntausende Kilometer werden zwischen uns liegen. Vor einem Jahr hatte ich diese Reise bereits geplant. Die Zeit war noch nicht reif dafür. Ich hatte Scheu vor diesem Abschied. Nun aber ist es soweit. Nie zuvor war ich so lange alleine unterwegs. Ich freue mich darauf. Sehr. So sehr, dass ich heulen könnte vor Freude. Ich tue es auch. Verschämt blicke ich mich um. Die meisten Passagiere wurden schon aufgerufen. Da ich einen Platz in der letzten Reihe habe, bin ich erst jetzt dran. Für mich bedeuten die Schritte, die ich hier in *Frankfurt* durch die gläserne Röhre zum Einstieg in die riesige Maschine zurücklege, den Übergang aus meiner alten, wohlbekannten in eine neue, unbekannte Welt. Ein Gefühl von Angst überfällt mich. Rasendes Herzklopfen und die Gewissheit von Endgültigkeit. Zaghaft nehme auf 58C Platz. Die Sitze neben mir bleiben frei. Welch ein schöner Zufall, denke ich. Die beiden Plätze nehme ich als gutes Zeichen – das Schicksal gönnt mir Platz. Ich werde mich ausbreiten können während des langen Fluges. Ich werde diese Reise genießen. Schlafend, quer über drei Sitze gekuschelt fliege ich um die halbe Welt. Morgen werde ich in *Hanoi* erwachen.

Geschlafen habe ich keine einzige Sekunde. Unmittelbar nach dem Start wedelt mir eine alte, winzig kleine Vietnamesin zu, ob die beiden Plätze neben mir frei wären. Ich nicke geistesabwesend. Der Start in die Freiheit beginnt mit einem kapitalen Fehler. Die Alte schwingt sich auf die beiden Sitze und breitet sich der Länge nach aus. Ab nun liegt sie quasi auf meinem Schoß. An Schlaf ist nicht zu denken. Mein einziges Vergnügen während des Fluges besteht darin, meine kleine Nachbarin in regelmäßigen Abständen zu wecken, indem ich ihre Füße wie unabsichtlich abrutschen lasse. Die Taktik hat Teilerfolge. Es gelingt mir immer wieder, ihren Körper von meinem Schoß herunter zu bekommen. Der Flug selbst ist ruhig. Lange elf Stunden zwar, aber die Abläufe und Rituale der Crew sind beruhigend und die Kraft solcher riesigen Luftschiffe fasziniert mich jedes Mal aufs Neue. Das Gefühl um die Welt zu fliegen entschädigt für alles. Im Anflug auf *Hanoi* verabschiedet sich die Alte mit einem Lächeln, das kleine, spitze Zähnchen in einer feuerroten Mundhöhle zeigt – wie der winzige Rachen eines Geckos.

Ankunft in einem dieser überdimensionierten Flughäfen, wie sie auf der ganzen Welt stehen, samt obligater Pass- und Visumkontrolle. Kalte, humorlose Augen mustern mich, schlechtes Gewissen verbreitend. In meiner Hosentasche befinden sich noch drei Euro, das Restgeld

von meinem letzten europäischen Frühstück. Der Geld-
automat funktioniert nicht, der nächste erst beim zweiten
Versuch. Ich taste eine astronomisch hohe Summe ein:
900 000 VND, das sind umgerechnet 37 €. Ich hatte mir
vorgenommen, den öffentlichen Bus Nr. 7 ins Stadtzen-
trum von *Hanoi* zu nehmen. Ich will mir Zeit lassen. Ich
möchte nicht in einem dieser klimatisierten Taxis sitzen,
in denen man sofort das Gefühl hat, finanziell über den
Tisch gezogen zu werden, einfach nur, um »bequem«,
aber über Umwegen ins Hotel gebracht zu werden. Ich
möchte von Anfang an dazugehören. Ich will mich in diesem Land fortbewegen wie alle anderen auch.

Der Bus lauert hinter dem Flughafengebäude. An
einem Fensterplatz, mein Reisegepäck auf dem Neben-
sitz, mache ich es mir bequem. Mein vietnamesisches
Abenteuer kann beginnen. Es ist knapp vor sechs Uhr
morgens. Kaum zwei Stationen später füllt sich der Bus.
Meine beiden Rücksäcke und ich sind verkeilt zwischen
Flughafenangestellten, Frühaufstehern und einer Unzahl
von Kindern in adretten Schuluniformen. Vorbei an Wasserbüffeln, Reisfeldern und Fabriken (zu denen Hundert-
tausende strömen) fahre ich durch die morgendliche
Rush-Hour in Richtung *Hanoi-City*. Eine weibliche
Stimme betet die Namen der Stationen herunter: ble-
chern, überlaut. Ein hinreißender Kontrast zu dem
schrulligen Gefährt, einem Relikt aus dem vergangenen
Jahrtausend. Bus Nr. 7 rattert ungefedert und ohne Rück-
sicht auf Verluste durch den Frühverkehr. Aberwitzig
viele Mopeds umringen uns wie Fischschwärme: Vor-
nehmlich Frauen, vermummt in dicken Anoraks, mit

Handschuhen und Sonnenschirmen, die sie zwischen Lenkstange und Schulter einklemmen und mit einer Hand krampfhaft gegen die Fahrtrichtung halten. Vietnamesinnen setzen ihre Haut nur ungern der Sonne aus. Im Bus ergibt sich eine erste, scheue Bekanntschaft: Nachdem ich von meinen Mitpassagieren eindringlich gemustert und als Langnase entlarvt werde, wagt sich eine junge Frau vor. Sie will mehr über mich erfahren. Ich sage ihr woher ich komme und wohin ich möchte: Zu einem Platz im Zentrum der Stadt, den ich im Netz als Endstation der Linie 7 in Erfahrung gebracht habe. Was für ein Zufall, da muss sie auch hin, sagt sie, ich kann mich ganz auf sie verlassen. Sie wird mir die Haltestelle anzeigen und den Weg zum Hotel weisen. Ihr Begleiter starrt mich unverwandt an.

Beruhigt wende ich mich wieder der vorüberfliegenden Landschaft zu. Mir kann nichts passieren, fürs erste habe ich einen verlässlichen Guide – einen hübschen noch dazu. Ich kann mich kaum noch rühren, bei jeder neuen Station wird der Bus voller. Mein Gepäck schnürt mir mehr und mehr den Atem ab. In all dem Trubel versuche ich den Blickkontakt zu meiner neuen Bekanntschaft nicht zu verlieren. Ich drehe meinen Kopf mit aller Kraft in ihre Richtung – ich kann die junge Frau nicht mehr sehen. Einige Stationen später ist es Gewissheit: Sie ist ausgestiegen. Mitsamt ihrem Begleiter. Meine erste Bekanntschaft in Vietnam war nicht von langer Dauer. Plötzlich komme ich mir einsam vor. Es fühlt sich an, als würde ich einer ziemlich ungewissen Zukunft entgegenfahren.

Wieder bin ich gefangen. Vor Kurzem erst der Geiselhaft eines alten vietnamesischen Geckos, der es sich im Flieger genüsslich auf meinem Schoß bequem gemacht hat, entkommen, verkeilt mich mein Schicksal in einem knallvollen Pendlerbus zwischen Rucksäcken und mich feindselig musternden, unausgeschlafenen Menschen (eine Tatsache, die mich immerhin mit ihnen verbindet). Mich zu bewegen ist inzwischen vollends unmöglich. Es muss ein Wunder her. Es kommt. Wie auf ein geheimes Zeichen verlassen die meisten Fahrgäste den Bus. Ich schöpfe Atem und folge ihnen. Draußen umfängt mich feucht-schwüle Morgenluft. Oder sind es die Abgase der unzähligen Mopeds, die mit mörderischer Geschwindigkeit eine vierspurige Straße entlang brausen? Eine Menschenmenge umringt mich. Ich lächle in die Runde und krame meinen Stadtplan heraus. Alle lachen und nicken mit den Köpfen. Ich versuche das Lachen zu erwidern und will mich orientieren. Aber wie? Ich kann kein Straßenschild entdecken und auf meinem Stadtplan erkenne ich genau nichts, meine Lesebrille ist in all dem Gepäckchaos unbekannten Aufenthalts untergetaucht. Ich nicke in die Runde. Hier stehe ich nun. Ich versuche den Namen meines Hotels zu buchstabieren. Allein das Wort »Hotel« ruft nur ungläubiges Lächeln hervor. Ich sitze in der Falle. Mit einem riesigen Rucksack, eingekeilt zwischen Menschen und Mopeds versuche ich mein Überleben zu organisieren. Aber wie?

Es ist inzwischen acht Uhr Früh. Meine Kleider kleben an mir wie die Frischhaltefolie an einer Weihnachtsgans. Ich habe seit mehr als achtundvierzig Stunden kein Auge zugedrückt. Ich stehe mutterseelenallein, umringt von einer Hundertschaft mir zunickender Menschen auf einer breiten Durchzugsstraße in einem dieser riesigen Moloche Südostasiens. So fühlt es sich also an, mein neues Leben. Ich bin angekommen. Ist das das Zentrum von *Hanoi*, einer Stadt mit geschätzten acht Millionen Einwohnern? Die Armada von Mopedfahrern beginnt mich zu bedrängen. Ich verstehe »Taxi«. Ich wehre ab. Wie in aller Welt soll ich mit meinem riesigen Gepäck auf einem dieser als Mopeds getarnten Rosthaufen, dazu noch auf einem Gepäckträger Platz nehmen? Und: Wie sollte sich einer dieser armen Teufel mit einem weißhäutigen, schwitzenden Touristen unfallfrei durch den Verkehr quälen?

Ich halte Ausschau nach einem Auto-Taxi. Versuchen Sie mal in der Nordsee aus einem Sardinenschwarm eine einzelne herauszupicken. Ich bin vollauf damit beschäftigt, hunderte Hände, die an meinem Rucksack zerren, abzuwehren. Aussichtslos. Ich ergebe mich. Das Unmögliche wird wahr. Unmittelbar darauf sitze ich auf einem dieser Alteisenhaufen, auf meinem Rücken der 40-Liter-Rucksack, vor mir mein nicht viel kleinerer Tagesrucksack, in der Hosentasche ein dickes Bündel Vietnamesischer Dong, in meiner Rechten der Fotoapparat und, am Lenker dieses Höllenfahrzeuges, ein Typ, der mächtig Gas gibt. Im Rückspiegel sehe ich sein lächelndes Gesicht, daneben mein eigenes, vor Schreck verzerrtes. *Hanoi* begrabe mich unter dir! Hier erfüllt sich mein Schicksal. Wiederholt scheint ein Zusammenstoß mit einem der unzähligen gegnerischen Mopeds unvermeidlich. Mein Driver stürzt sich ins Getümmel, als ob er mit seinem (und meinem) Leben Schluss machen möchte. Der Ritt nimmt kein Ende. Je länger er andauert, desto mehr Spaß gewinne ich daran. Jetzt oder nie. Mein Ende ist nah. So fühlt es sich also an: Ich werde immer schwereloser, bis ich am Ende zu schweben glaube, mit einer dicken, schwarzen Abgaswolke hinter mir. Die Ausweich- und Überholmanöver werden waghalsiger. Je entspannter ich werde, desto mehr riskiert mein Höllenritter. Eine halbe Ewigkeit sausen wir schon durch den Frühverkehr. *Hanoi* ist mörderisch groß. Irgendwann wendet sich mein neuer Freund zu mir um: Er lächelt immer noch. Wir sind angekommen. Seiner Meinung nach zumindest. Ich bezahle 50 000 VND (überteuert, wie ich später erfahre) und der Typ röhrt davon, indem er sein Vorderrad nach oben zieht.

Ich laufe zweimal die Straße entlang. Das Hotel ist nicht in Sicht. Entnervt betrete ich einen Laden, von dem ich annehme, dass hier Mopeds verkauft werden und erkundige mich nach dem *Blue Moon Hotel*. Ein freundlicher junger Mann lächelt mich an: »*Welcome Mr. Schottelberg, we're expecting you!*«. Ich sehe mich um. In dem kahlen, engen Raum stehen einige gebrauchte Mopeds herum, die Fassade des Hauses ist nicht mehr als fünf Meter breit. Der freundliche, klein gewachsene Mann steht hinter einem Schreibtisch, über dem eine Tafel angebracht ist: *Blu Mun Hotel*. Das Zimmer ist ok, nach hinten hinaus zwar (die Aussicht nach vorne wäre kaum überzeugender), aber relativ sauber. Klimaanlage. Was braucht man mehr. Duschen und WLAN checken, beides funktioniert. Unmittelbar darauf versinke ich in einen todesähnlichen Schlaf, träume von vermummten Sardinen und von einem feuerroten Gecko, dessen Rachen mich zu verschlingen droht. Gegen dreizehn Uhr erwache ich schweißüberströmt und stürze mich in die Mittags-Rush-Hour von *Hanoi*. Ich folge dem Rat meines *Lonely Planet* und nehme einen Weg durch die Umgebung des *Blue Moon*, dem *Alten Viertel*. Die Stadt bewegt sich nahe am Kollaps. Millionen Menschen und Mopeds. Straßenverkäufer, Garküchenbetreiber, Bettler, Geschäftsleute, Schulkinder, Mönche – sie alle nicken und winken mir freundlich zu. Haben sie auf mich gewartet? Unsicher lächle ich zurück.

Ein Fehler. Ein junger Mann heftet sich an meine Fersen. Er verfolgt mich einige Straßen entlang. Ich beschleunige meine Schritte. In dem Labyrinth der engen Gassen taucht er immer wieder hinter mir auf, manchmal auch vor mir. Ich versuche die Orientierung zu behalten, was gar nicht einfach ist, schlage einen Haken und bleibe unvermittelt in einem Hauseingang stehen. Abgehängt. Der junge Mann lächelt mich an. Wie durch Zauberhand steht er neben mir. In seiner Hand hält er einen spitzen Gegenstand. Ich erstarre. Er deutet auf meine Füße. Es gelingt ihm mich gestenreich davon zu überzeugen, ihm meinen linken Schuh zu überlassen. Was für eine absonderliche Situation. In einem Hauseingang, mitten in einer dieser riesigen Städte Asiens ziehe ich meinen linken Schuh aus und drücke ihn einem mir völlig Unbekannten in die Hand. Tatsächlich: In Wien fand ich keine Zeit mehr, den Schuh flicken zu lassen, eine Naht war aufge-

gangen und ein winziges Loch hat sich in der Fersen-
gegend aufgetan. Wie der junge Mann das bemerken
konnte ist mir ein Rätsel, aber offenbar folgt der Mensch
im Aufspüren scheinbarer Unzulänglichkeiten Anderer
troglodytischen Eigenschaften, die ökonomisches Überleben ermöglichen und somit den Fortbestand der Artge-
meinschaft garantieren. Im nächsten Moment sitze ich
am Rinnstein des kleinen Gässchens, neben mir mein
Flickschuster, der mitnichten den winzigen Schaden ver-
klebt (so wie man in Wien das Übel bearbeitet hätte),
sondern mittels einer Ahle, die sich als der »spitze Gegenstand« entpuppt und mit einem starken Faden kunstfer-
tig das Schuhoberteil mit der Sohle vernäht und solcher-
art den kleinen Schaden behebt. Heute noch trage ich mit
Stolz und besten Gedanken eben diesen Schuh und sollte
er dereinst seinen letzten Moment erleben, das Flickwerk
Hanoi'scher Schusterei wird keineswegs der Grund für
seinen versagenden Dienst sein.

Unterwegs besorge ich eine Eintrittskarte für eine am
Abend stattfindende Vorstellung des *Wasserpuppenthea-
ters*, eine der großen Attraktionen hierzulande. Das muss
man gesehen haben! Und noch etwas sehe ich: *Hanoi* rüs-
tet für ein großes Fest. Am 2. September jährt sich der
70. Jahrestag der Wiedervereinigung Vietnams: Des Nordens mit dem Süden. Die Stadt ist dicht auf dicht beflaggt.
Lichterketten, Scheinwerfer, Abschussrampen für ein
Feuerwerk werden in Position gebracht. Onkel Ho, zu
dessen Ehren dies alles stattfindet, würde stolz sein. Morgen muss ich ihm einen Besuch abstatten. Immerhin gilt
er als Befreier Vietnams. Er hat zwar den Kommunismus

ins Land gebracht, aber die lange Besatzung durch die Franzosen, Engländer und Amerikaner beendet. Onkel Ho hat seinen großen Sieg nicht mehr erlebt. Er liegt einbalsamiert in einem gläsernen Sarkophag. Morgen werde ich bei ihm vorbeischauen. Ich werde ihm vom Roten Stern erzählen, der einige Zeit in Wien das Dach eines großen Theaters schmückte, und davon, dass der Stern nie als ein rein kommunistisches Zeichen gedacht war, sondern dass seine Zacken, die fünf V's, sowohl die fünf Spielorte des Volkstheaters symbolisieren sollten (Haupthaus, Rote Bar, Theater in den Bezirken, Empfangsraum und Schwarzer Salon), wie auch die fünf thematischen Ausrichtungen: Klassik, Volksstück, Musik, Kabarett und Diskurs. Der Stern ist nach dem Kreuz das zweitbeste Branding aller Zeiten. Für mich steht die Farbe Rot für Leben, Liebe und Leidenschaft und der Stern symbolisiert Glamour, Show und Zirkus. Dass er so nachhaltig für ausreichend Gesprächsstoff sorgte und mein Theater in aller Munde brachte, sollte mir allerdings mehr als nur recht sein. Onkel Ho wird das schon verstehen, da bin ich mir sicher.

Ein Theater im Wasser (Hanoi, 28. August)

Der Onkel muss warten. Heute hat er seinen freien Tag und will nicht besichtigt werden. Morgen aber sicher. Die Puppen des Wassertheaters waren entzückend. Die Figuren schienen wie schwerelos auf dem Wasser zu tanzen. Eine kleine Zauberwelt, begleitet von einem Orchester und zwei Frauenstimmen, die in höchsten Tönen die immer gleichen alten Geschichten kommentieren. Feuer spuckende Drachen, springende Fische, die in hohem Bogen aus dem Wasser auf- und wieder eintauchen um endlich von winzig kleinen Fischern aus dem grünen Wasser geangelt zu werden. Am Ufer: Wasserbüffel, Reisbauern, Flöte spielende Knaben, Fabelwesen. Gegen Ende der Vorstellung war ich so erschöpft, dass ich dem Spiel kaum mehr folgen konnte. Der kleine Gecko von *Flug VN 036* war schuld daran.

Ein Hahnenschrei weckt mich. Mitten im *Alten Viertel* von *Hanoi* weckt mich ein krähender Hahn! Ich schrecke hoch. Den Zeitunterschied zu Europa hat das Vieh nicht nachvollzogen, er ist sechs Stunden zu spät dran. Ist er mit mir mitgeflogen? Kurz nach dem Aufstehen checke ich die nächsten Tage. Ich verlängere meinen Aufenthalt hier um einen Tag, werde zur *Ha-Long-Bay* reisen und dann erneut zwei Tage in *Hanoi* bleiben. Zu vieles gibt es in dieser unglaublichen Stadt noch zu besichtigen. Danach werde ich in die alte Kaiserstadt

Hue weiterreisen. In einer der zahllosen Straßenküchen, auf einem winzigen blauen Plastikstühlchen sitzend, nehme ich meine »Pho« zu mir. Dies sollte mein Frühstücksritual werden. Pho ist eine Nudelsuppe aus Huhn- oder Fleischbrühe, in der Glasnudeln gegart werden. Da ich nach vielen Asienaufenthalten an das Essen hierzulande, vor allem an dessen Schärfe gewöhnt bin und ich darüber hinaus kein »Morgen-Süßer« bin, ist mir dieses Frühstück sehr recht. Ich sitze also am Gehsteig, auf einem Kinderstühlchen, 50 cm über dem Boden, neben mir spaziert ein glückliches Huhn, das dem heutigen Kochtopf sichtlich entkommen ist und ich schlürfe Nudeln.

Ich bitte meinen Nachbarn ein Foto von mir zu schießen, zu Hause glaubt mir das sonst keiner. Danach schlendere ich, mich durch das Chaos der Mopeds kämpfend, zum *Ngoc-Son-Tempel*, mitten im *Hoan-Kiem-Lake*. Der Legende nach wird der idyllische kleine See von einer in ihm lebenden, riesigen Schildkröte bewacht. Von ihr sehe ich nichts, wohl aber das Präparat eines über zwei Meter großen Tieres. Furchtlos blickt mich das Monster mit seinen kalten Augen an. Ich denke an den Gecko im Flugzeug. Plötzlich, der Schock! Beim routinemäßigen Taschencheck bemerke ich, dass meine linke Hosentasche leer ist. Ich habe es mir zur Gewohnheit gemacht, immer wieder nach dem Schlüssel zum Zimmersafe zu tasten, doch jetzt spüre ich genau – nichts. Das Schildkrötenmonster lächelt mich verschlagen an. Ich starre zurück und schließe im Geiste mit dieser Reise ab. Im Safe liegen Pass, Kreditkarten, alles. Ich erinnere mich, dass mich das

Zimmermädchen beim Verlassen des Zimmers beobachtet hat. Trotz der Hitze fühle ich kalten Angstschweiß auf meiner Stirn. Ich lehne mich an das Präparat der riesigen Kröte. Es scheint nachzugeben. Oder verliere ich das Gleichgewicht?

Ich verlasse den Kult-Ort, kämpfe mich so schnell ich kann durch den Frühverkehr über die *Dinh Tien Hoang* in Richtung *Cau Go Road*, wo mein Hotel liegt und haste die steile Treppe hinauf. Die Zimmertür ist … angelehnt, sie gibt nach. Das Bett ist sauber gemacht, die Zierpölster akkurat geordnet und die Vorhänge der Hitze des Tages wegen zugezogen. Der Safe steht offen. Zitternd taste ich nach dem, was vom Zimmermädchenraub übrig geblieben ist. Alles, alles liegt an seinem Platz. Der Schlüssel steckt im Schloss, so wie ich ihn heute Früh zurückgelassen habe. Schweißüberströmt und mit rasendem Herzklopfen falle ich aufs Bett und danke allen vietnamesischen Göttern – und das sind viele. Das Land hat den Härtetest bestanden, Gastfreundschaft wird hier groß geschrieben. Ab nun will ich allen Zimmermädchen, Busbekanntschaften, Motorradtaxifahrern, Frühstücks-Pho-Essern, Schuhflickern, Wasserpuppenkartenverkäufern, allen Hotelmanagern, ja sogar den Unterwassermonstern vertrauen. Ich schäme mich über den schändlichen Raubverdacht am helllichten Tag. Das einzige Land auf Erden, das gegen das mächtige Amerika einen großen Krieg gewonnen hat, bestiehlt keine harmlosen Touristen, die gerade dabei sind, ihr Leben zu ändern. Ich schlendere nochmals in Richtung Tempel. Nun spendiere ich einige Räucherstäbchen, halte sie brennend mit beiden Händen über den Kopf und ziehe einen Kreis um die Kröte, wie alle anderen es auch tun. Das Tier scheint mir zuzublinzeln. Es hat meiner anfänglichen Skepsis verziehen. Bei der Hochbewegung verspüre ich ein beruhigendes Piksen in der linken Hosentasche: Der Schlüssel zum Safe liegt wohl verwahrt darin verborgen.

Der scharfe Räucherstäbchenduft treibt mich hinaus in die Vormittagshitze. Ich schlendere zum *Hoa-Lo-Prison*, komme an einem Essensstand vorbei und nehme mir vor, zu Mittag eine der leckeren Speisen zu verdrücken. Das *Hoa-Lo* gilt als eine der berüchtigtsten Gefangenenanstalten während der Okkupation des Landes. Hier drinnen ist es kühl, feucht und düster. In den Folterzellen sitzen lebensgroße Puppen. Die Franzosen haben das Todeshaus errichtet. Schaudernd stehe ich vor der Guillotine, durch die so viele tapfere Freiheitskämpfer gefallen sind. Später diente der Knast als Gefangenenlager für die einstigen Besatzer. Sowohl der spätere US-Präsidentschaftskandidat, John McCain, als auch Mr. Pete Peterson, erster Botschafter der Vereinigten Staaten im wiedervereinigten *Vietnam*, saßen hier ein. Die Amis haben das Gefängnis *Hanoi Hilton* genannt. Schulkinder drängen sich mit leuchtenden Augen durch das Gespensterhaus. Ich habe genug gesehen. Leid macht hungrig. Schlechten Gewissens suche ich das kleine Straßenlokal von vorhin auf. Es befindet sich in unmittelbarer Nähe zum *Deutschen Goethe-Institut*. Inzwischen ist es allerdings geschlossen. Die Einheimischen haben andere Essenszeiten.

Ich beschließe mich in Sachen vietnamesischer Zeitgeschichte weiterzubilden und gehe in Richtung *Revolutionsmuseum*. Unterwegs schlürfe ich in einem Café ein Nudelsüppchen. Die Suppe ist so heiß, dass ich mir die Zunge verbrühe. In dem eisgekühlten Lokal befinden sich ausschließlich Männer, rauchend, Bier trinkend, sich gegenseitig anbrüllend. Kommentieren sie den Verfall ihrer Wertpapierdepots, diskutieren sie die erhöhten Marktpreise für Pak-Choi-Gemüse oder besprechen sie enthusiastisch Onkel Hos bevorstehenden Jahrestag? Ich werde es nie erfahren, bezahle und verlasse den gefriergeschockten Ort, an dem ich mir die Zunge versengte.

Die Geschichte des Landes holt mich auf Schritt und Tritt ein. Bilder, Fotos, Transparente. Parolen ertönen aus blechernen Lautsprechern, abgelöst von martialischen Revolutionsklängen: Das Land ist sich seiner blutigen Vergangenheit sehr bewusst und immer noch stolz darauf, sie siegreich überwunden zu haben. Nach vierzig Jahren! In dem grausigen Gefängnis habe ich es mehr als plastisch vor Augen geführt bekommen, wie groß das Leid der Bevölkerung gewesen sein muss, wie erbittert der Große Krieg geführt wurde. Inzwischen regnet es in Strömen. Ein einziger Wasserfall ergießt sich über die Stadt. Ich verlasse das Museum. Wieder wurde die Vergangenheit auf den Punkt gebracht. Was hat dieses Volk im Namen der Freiheit gelitten. Eine endlose Spirale der Gewalt. Und Onkel Ho hat es mit wenigen Gleichgesinnten gewagt, den Feinden, die dieses Land wider jedes Völkerrecht besetzt hielten, die Stirn zu bieten. Der Regen wird heftiger. Donnerndes Prasseln übertönt den Verkehrslärm. Eine düstere Wasserfront umfängt den Tag und setzt die Stadt außer Gefecht. Ich esse Reis, Spinat und Knoblauch und betrachte den Verkehr, der sich durch die Sturmflut kämpft. Jetzt erst kommt es mir in den Sinn: Ich habe diese Reise gebucht, ohne darauf zu achten, dass derzeit Regenzeit ist.

Nun aber: Heute wünsche ich Onkelchen einen guten Tag. Er verzieht keine Miene. Er liegt da, unbarmherzig hell angestrahlt, bewacht von seiner Leibgarde baumlanger Kerls, auf seidene Kissen gebettet und heimgesucht von unzähligen ehemaligen Verbündeten. Sein Volk nimmt in endloser, nie abreißender Reihe Abschied von seinem ewigen Führer. Vielleicht kommen die vielen Menschen auch, um ihm zu danken. Frauen in Sonntagskleidern, Männer in dunklen Hosen und weißen Hemden (auch ich musste meine lange Hose, samt gebügeltem Hemd hervorholen, anders wäre ich nicht vorgelassen worden). Die Kinder sind mit Maschen und Haarreifen zurechtgemacht wie putzige Porzellanpüppchen, als kämen sie zu einer Geburtstagsfeier. Gewissermaßen ist es ja eine.

Heute musste ich früh raus. Um halb sieben hat mich der Hahn geweckt (er hat den Jetlag, scheint's, ebenso überwunden wie ich) – gerade recht, um mich auf den Weg durch die halbe Stadt zu machen. Das Hotel lag noch im Frühschlaf. Der Nachtportier hat es sich auf dem Steinboden der Lobby bequem gemacht, inmitten einer Menge von Mopeds. Das Hotel gleicht in der Nacht einer Verkaufshalle für übertragene Mopeds. Bewachte Parkplätze sind rar im *Alten Viertel* von *Hanoi*, wohl auch teuer. Der Hotelbesitzer betreibt ein lukratives Nebengeschäft. Ich verlasse das Haus und genieße meine morgendliche Pho Ga. Meine ersten beiden vietnamesischen Worte! Ich sitze, wo ich gestern saß, auf einem Kinderstühlchen mitten auf der Straße. Das Suppenhuhn sehe ich heute nicht. Kein gutes Zeichen. Dann nehme ich ein Taxi zum *Mausoleum* am großen *Ba-Dinh-Platz*, dort wo *Ho Chi Minh* am 2. September 1945 die Unabhängigkeit *Vietnams* ausgerufen hat. Dreißig Jahre sollte es dauern, bis sich das vietnamesische Volk tatsächlich befreien konnte. Ich sitze am Rücksitz einer verrosteten Honda und brause durch die große Stadt, die mir immer vertrauter wird (vor allem das Fahren am Sozius macht mir Spaß – ein Vergnügen, das ich seither nicht missen möchte). Rote Ampeln scheinen hier nicht zu existieren. Verkehrsregeln gibt es auch nicht, jeder bahnt sich seinen Weg, wo und wie es ihm gefällt. Der Komplex rund ums *Mausoleum* ist riesig. Er umfasst den *Großen Platz*, der hauptsächlich für Paraden genutzt wird, den *Präsidentenpalast*, Onkel Hos ehemaliges Wohnhaus, seine Garage inklusive Fuhrpark (»*Ho Chi Minh's Used Cars*«) und ein überdimensioniertes Museum das der Heldenverehrung dient und Generationen von Schulkindern die Bedeutung des Großen Onkels eintrichtern soll.

Überall sind überdimensionierte Flatscreens angebracht, die Szenen aus Hos Leben in Endlosschleifen abspulen: Glücklich winkende Bauern, Staatsmänner mit bedeutenden Gesichtern, Ho in seinem berühmten Drillichanzug auf den Flughäfen dieser Welt. Das Land ist stolz auf seinen bedeutenden Sohn. Seine Geschichte ist die Geschichte jedes Einzelnen. Ich schlendere vom großen Vorsitzenden zum *Militärmuseum* und betrachte alten Kriegsschrott, darunter erbeutete Ami-Bomber. Kinder werden vor russischen Panzern fotografiert, die der große Bruder seinem kleinen Verwandten geschenkt hatte. Ich habe genug vom Krieg, erhole mich in einem Café, indem ich mir vom Ventilator Frischluft ins Gesicht blasen lasse und notiere ein paar Gedanken. Ich fühle mich beobachtet. Von jenseits der viel befahrenen *Dien-Bien-Phu-Road*, die für die bevorstehenden Feierlichkeiten bereits festlich geschmückt ist, blickt mich ein streng blickender Herr aus Bronze an: Wladimir Iljitsch Uljanow, genannt *Lenin*.

Endlich wieder Beruhigendes: Westlich des *Hoan-Kiem-Lake* stößt man auf den *Literaturtempel*, ein prächtiges Beispiel gut erhaltener vietnamesischer Architektur. Im Jahre 1070 wurde er als erste Universität des Landes errichtet, in der man die Lehre Konfuzius' und anderer Philosophen studieren konnte – vorerst nur »Studenten edler Herkunft«, später auch das Volk. Eine befreiend schöne Anlage. Teiche, Hecken, Bonsais unter denen allerliebste winzige Figuren zu ewigem Leben verpflichtet sind, dazwischen gepflegte Rasenflächen. Ein Hof geht in den nächsten über. Ganz vorne eine herrliche Pagode, in der der große Gelehrte selbst Platz genommen hat. Er trägt Spitzbart, feuerrote Kleidung und blickt beruhigend lächelnd auf seine Jünger. Den Krieg habe ich hinter mir, ich bin bei der Literatur gelandet. Zur Feier des Tages belohne ich mich mit Garnelen, Reis und kühlem, frisch gezapften *Bia Hoi* (wer's edler mag trinkt *Saigon Beer*). Zurück im Hotel versinke ich in tiefen, traumlosen Schlaf. Eine Nachricht aus der Heimat weckt mich. »Komm gesund zurück«, steht da. Ich nehme es mir fest vor und verlasse das Hotel zur abendlichen Erkundigungstour.

Ich schlendere vorbei am riesigen Bahnhof im Kolonialstil, wo die Schnellzüge in Richtung Süden abfahren. Von hier aus werde ich meine Reise durch das Land beginnen. Der Rezeptionist meines Hotels hat mir die Fahrkarte besorgt, er überschlägt sich vor Höflichkeit. Ich habe ihn bestochen, indem ich die Tour zur *Ha-Long-Bay* über ihn gebucht habe. Nun fühlt er sich mir verpflichtet und hat mich bereits instruiert, wie man sich hierzulande bei Bahnreisen zu verhalten habe. Alle Waggons und Sitze sind nummeriert. Die Reisenden sind angehalten, ausschließlich auf den, den Fahrkarten entsprechenden Sitzen Platz zu nehmen. Eine Regel die mich nicht wirklich verwundert. Mich sollte später eher wundern, dass sich kein Mensch daran hält. Und: Als Passagier hat man sich eine halbe Stunde vor Abfahrt des Zuges mit seinem Reisepass einzufinden. Ich kann mir nicht vorstellen, dass sich in all dem Chaos auch nur ein einziger Viet daran hält. Aber ich werde das ernst nehmen und mich als vorbildlicher Backpacker daran halten. In der Nähe des Bahnhofes hatte ich auf einer meiner Exkursionen ein Zirkusgebäude entdeckt, das möchte ich mir genauer ansehen. *Hanoi* versinkt im Abendverkehr. Dröhnender Lärm. Wer sich durch den Verkehrswahnsinn aus der Ruhe bringen lässt, sollte nicht hierher kommen. Mich stören das permanente Hupen, das Heulen der Motorräder und die Menschenmassen nicht im Geringsten. Im Gegenteil. Es gibt mir das Gefühl der Zugehörigkeit. Ich darf Teil dieser aufregenden Welt sein.

Es erfüllt mich mit Stolz, mich in einer Stadt, die ich erst vor wenigen Tagen kennengelernt habe, zurechtzufinden. Verkehrsregeln gibt es keine. Der Furchtlosere gewinnt. Nur keine Unsicherheit zeigen. Solange man als Fußgänger seinen Weg beibehält, Tempo und Gehrichtung nicht unerwartet ändert, solange man im Blickkontakt mit den anderen Verkehrsteilnehmern bleibt, ist man ausrechenbar, also geschützt. Das Geheimnis liegt auch am Fahrtempo. Es ist deutlich langsamer als in Mitteleuropa.

Die Abendhitze lastet immer noch mörderisch auf der Stadt. In einem Lokal neben dem großen Zirkusbau trinke ich Bier und überlasse mich einem beruhigend großen Ventilator. Unterwegs habe ich in einem meiner bevorzugten Straßenstände, auf einem Kinderstühlchen hockend, zu Abend gegessen. Diesmal war es ein rotes. Ich bin schon daran gewöhnt, die Attraktion abzugeben. Besonders den Kindern biete ich beste Unterhaltung: Ein fescher Kerl mit langer Nase und blondem Haar! Der Kellner reicht mir sein Handy. Auf dem Display lese ich: »*What do you eat?*«. Ich schüttle den Kopf. Zur Strafe stellt er mir ein zweites Bier auf den Tisch. Irgendetwas muss er ja an mir verdienen. Der Zirkus hat seine Lichter aufgedreht, der schmucklose Betonkasten wird von unzähligen bunten Glühlampen beleuchtet. Der Ventilator hat ganze Arbeit geleistet, ich bin trocken geföhnt. Spitzbübisch lächelt mich der Kellner an und stellt ein drittes Bier auf den Tisch. Stelzenlaufende Clowns drücken Kindern bunte Luftballons in die Hand und bugsieren ihre Väter sanft in Richtung Zirkuskassa. Angewandte PR im Bezirk *Dong Da,* an einem schwülen Abend in *Hanoi.* Ich bezahle mein inzwischen viertes Bier und betrete das Innere des von kaltem Neonlicht beleuchteten Zirkusraumes.

Die Vorstellung ist weniger gut. Im Gegensatz zu Mitteleuropa sind die Tiernummern die große Attraktion: Hunde und Affen als vielbelachte Menschenimitationen in entwürdigenden Puppenkleidchen. Ein Elefant, einen Fuß auf einem abgewetzten Podest aufgestützt, dreht sich im Kreis und hebt seinen Rüssel als wollte er jedem Kind, das ihm fröhlich zuwinkt, zurufen: »*Hol mich hier raus!*«. Zwei Kragenbären fahren auf knatternden Motorrädern durch die Manege und erinnern mich an meine erste Motorradfahrt durch den Frühverkehr. Die Bären tragen kurze Röckchen mit rosafarbenen Rüschen, am Kopf lustige Hüte. Die Kinder kreischen vor Vergnügen und die Eltern beobachten glücklich ihre Kleinen – so anders als die putzigen Tiere sehen die kleinen Puppen gar nicht aus. Einige Artisten sind sogar richtig gut drauf. Die wahre Attraktion des Abends aber sollte noch kommen. Nach dem Schlussapplaus bremst mich ein gewaltiger Stau am Zirkusausgang. Ich wühle mich durch die Menge. Draußen bricht gerade ein Inferno über *Hanoi* herein: Ein Monsunregensturm. Hinter mir eine, sich nach Taxis balgende Menschenmenge, vor mir eine schwarze Wand aus Wasser. Dort, wo noch vorhin eine breite Straße war, liegt jetzt ein gewaltiger See.

Ich kämpfe mich durch das Unwetter zum gegenüber liegenden Hotel durch. Davor ist ein Taxistandplatz. Ich reiße eine Autotür auf und – sitze im Trockenen. Ich gebe mein Fahrtziel an, der Fahrer dreht sich zu mir um. Ich erkläre ihm, wohin er zu fahren habe. Er mustert mich im Rückspiegel und schüttelt den Kopf. Draußen geht gerade die Welt unter. Kinder mit Luftballons in Händen schwimmen wie Enten in dem großen Straßenteich, Eltern, die panisch nach ihnen die Arme ausstrecken. Wir lassen den Ort der tausend Wunder hinter uns. Der Fahrer gibt Gas und teilt die Fluten wie Moses das Rote Meer. Im Blindflug pflügen wir durch die Straßen, die Scheibenwischer bewältigen die Wassermassen nicht. Unvermittelt hält der Wagen an. Vor uns eine Straßensperre. Bis hierher und nicht weiter. Der Fahrer bedeutet mir auszusteigen. Ich weigere mich. Mit hinterhältigem Lächeln öffnet er die Türe. Er hat gewonnen. Ich bezahle die kurze Fahrt. Es ist als ob ich aus dem Maschinenraum eines Frachtschiffes, unterhalb der Wasseroberfläche, in die Tiefen des Indischen Ozeans aussteige. Orientierungslos kämpfe ich mich zu einem hell erleuchteten Haus vor und lande in einem Hoteleingang, unter dessen Vordach sich bereits hunderte Menschen drängen. Nach und nach erkenne ich die Umgebung: Ich bin in der Nähe des Foltergefängnisses. Soweit will ich nicht gehen, aber das Leben fühlt sich gerade nicht gut an. Trotz der Hitze der Monsunnacht fröstelt es mich. Der sturzflutartige Regen hält unvermindert an. Fliegende Händler nutzen die Gunst der Stunde und verkaufen Regenschirme und Plastikpelerinen. Eine halbe Stunde zittere ich an diesem Unort, eingekeilt zwischen Myriaden von Schutzsuchenden inmitten einer riesigen Stadt, der inzwischen die Lichter ausgegangen sind: Die Stromversorgung ist zusammengebrochen.

Ich will weiterleben, gebe meinen Schutz auf, stürze mich aller Widrigkeiten zum Trotz in die Fluten und nehme Kurs auf mein Hotel. In diesem Augenblick wird die Straßensperre aufgehoben, eine Armada von Mopeds braust auf mich zu und ich rette mich ans andere Ufer. Ich glaube, ich bin heute Abend der Einzige, der ohne Schnorchel und Flossen unterwegs ist. Die vorüberrasenden Motorradfahrer winken mir übermütig zu. Sie scheinen den Ausnahmezustand, der für sie offensichtlich keiner ist, zu genießen. Ich winke lachend zurück (was mich als einer der ihren ausweist) und kraule weiter in Richtung Hotel. Plötzlich kommt mir in den Sinn, dass sich der Fotoapparat, noch schlimmer, das Handy im Rucksack befinden und der wiederum hängt immer noch an meinem Rücken. Ich klemme ihn unter den Arm und erhöhe das Schwimmtempo. Vor Jahren habe ich in einem kleinen Fischerboot, das mich von *Thailand* nach *Burma* übersetzte, meinen Fotoapparat im Meer versenkt: Die fotografische Ausbeute einer schönen Reise war den Fluten übergeben. Auch mein Handy liegt seit damals am Grund der *Andamanensee.*

Der Rest von mir, der noch nicht aufgeweicht war, erreicht das Hotel. Ich haste durch die von Mopeds zugeparkte Lobby. Im Zimmer öffne ich den Rucksack und halte die Luft an: Sowohl Fotoapparat als auch Handy sind intakt. Ich hatte sie, wohl einer unbestimmten, tief in mir verborgenen Vorahnung folgend in die Plastikhülle eines heute gekauften Souvenirs gepackt. Erleichtert schicke ich eine Testnachricht nach Hause: »*Ich lebe!*«

Die große Brücke (Hanoi, 30. August)

Zum ersten Mal durchgeschlafen. Der nächtliche Kampf gegen die Wassermassen hat mich erschöpft. Der Früh-Hahn meldet sich heute schon um fünf Uhr dreißig. Er hat die Zeitumstellung endgültig hinter sich. Ich möchte den Morgen am *Hoan-Kiem* verbringen, das angesagte Tai-Chi-Paradies *Hanois*. Frühsport wird hier groß geschrieben. Quer über die sonst so befahrene, mehrspurige Straße in unmittelbarer Nähe meines Hotels sind Netze gespannt. Wo eine Stunde später der Verkehr branden wird, ist jetzt Federball angesagt. Ich sitze auf meinem Kinderstühlchen, löffle eine Pho und denke, wie das wäre, wenn um halb sechs in der Früh am *Wiener Opernring* Völkerball gespielt wird. Auf den Parkwegen: Alt und Jung, im Pyjama, beim Morgentraining. Eine Neigungsgruppe betagter Mädchen bewegt sich wie in Zeitlupe zu klagendem Singsang. Unter einem Banyanbaum, dessen Stamm aus riesigen Luftwurzeln besteht, übt eine Altherrenriege Gesellschaftstanz. Immer wieder wird die einzige Dame von rivalisierenden Partnern abgeklatscht. Schmachtfetzen quäken aus scheppernden Lautsprechern quer durch den Park. Die Tänzer schieben, drehen, schleifen einander im Takt über die Wege. Alle haben Freude an der Bewegung. Um diese Zeit ist das Klima noch angenehm, der See strahlt morgendliche Kühle aus. Die Parkanlagen werden von den Hanoieranern wie ein riesiger Schrebergarten genutzt. Auf den Grünflächen spielen Kinder, Mama säugt ihr Baby, Papa spielt Feder-ball, während Opa gesellschaftstanzt. Eine einzige große Party – um (inzwischen) sieben Uhr früh.

Ich sitze in einem kleinen Straßenlokal, Ecke *Duong Yen Phu* und *Hoe Nhoi*, im Nordosten von *Hanoi* und genieße ein kühles *Bia Saigon*. Mein Vietnamesisch ist schon recht gut: »*Bia*« beherrsche ich flüssig. Eine win-zige Frau mit einer langen Bambusstange über der Schul-ter versucht mich von ihrem Angebot zu überzeugen: Klobesen, Zahnbürsten und anderen Krimskrams. Sie schenkt mir ein zahnloses Lächeln. Ich kaufe ihr einen ihrer Klobesen ab und schenke ihn ihr postwendend zurück. »*Lucky Money*« nennt man das. Glücklich zieht sie davon. Mein Blick streift über den inzwischen vertrau-ten, mittäglichen Verkehrsinfarkt. Ich ruhe mich von einem Spaziergang über die berühmte *Long-Bien-Bridge* aus, eine alte Eisenbahnbrücke quer über den *Roten Fluss*, die die Stadt mit dem östlichen Umland verbindet. Angeblich haben die Amerikaner die Brücke mehrfach gesprengt. Ebenso oft wurde sie wieder aufgebaut. Sie sieht danach aus. Die Brücke ist mehr als baufällig: Eine veraltete, rostige Eisenkonstruktion erfüllt ächzend ihren Dienst. Der Autoverkehr ist ausgesperrt, der wälzt sich zweihundert Meter weiter südlich über den Fluss. Die alte Brücke dient nur mehr der Eisenbahn, Mopeds und Fuß-gängern. Sie stellen die größte Belastung dar: Hundert-tausende wälzen sich über den schmalen Fußsteig hinü-ber zur gerade noch erkennbaren Satellitenstadt. Nebel hängt über dem Fluss. Ich betrete todesmutig das Kriegsrelikt. Mitten über dem Fluss mache ich Halt und betrachte das Leben unter mir. Überladene Lastkähne, im Uferschlamm spielende Kinder, Arbeiter, die in schwindelnder Höhe Gleisarbeiten durchführen. Per Moped wird das Mittagessen angeliefert.

Von überall balancieren Männer über schmale Bretter heran um ihre Essensration zu empfangen – dann hocken sie wie brütende Hühner, auf Stangen, hoch über dem Abgrund und verzehren ihren Reis. Der Fluss sieht wirklich rot aus. Ich dachte, die Politik des Landes wäre Namensgeber. Wahrscheinlicher ist, dass der Fluss nach seinem rötlichen Schlamm benannt ist. Ein Liebespaar schießt eine Serie von Selfies. Wie Äffchen klettern sie in der Eisenkonstruktion herum, aufgestachelt von aufmunternden Zurufen der Arbeiter. Mir wird schwindlig vom Zusehen und ich steige über eine baufällige Treppe auf die Flussinsel hinunter. Schwül und stickig ist es hier unten, wie in einem Treibhaus. Auf feuerroter Erde wandere ich an Bananenstauden vorbei. Bei einer Arbeitersiedlung mache ich Halt. Frauen bereiten das Mittagessen für einen anderen Trupp zu. Die Hütten sind notdürftig mit Plastikplanen gedeckt, im Inneren befinden sich zwischen Holzverschlägen lange Reihen von Betten. Ein junger Mann ist gerade bei der Morgentoilette. Er pinkelt in Richtung eines Schweines, das grunzend seinem Strahl ausweicht. Ich gehe zurück über die rostige Brücke, meinem Ausgangspunkt entgegen. Neben mir donnert ein Zug vorbei und versetzt die Konstruktion in bedrohliches Schwanken. Zurück am Ufer, bleibe ich auf einem erhöhten Fußübergang stehen und bekomme nicht genug davon, den Verkehr unter mir zu beobachten. Wie die expressiven Bildkompositionen eines *Jackson Pollock* ziehen Mopeds, Autos, Busse und Fußgänger kreuz und quer ihre Linien über die imaginäre Leinwand meines Bildausschnittes. Das Innere eines »Biens« könnte nicht verwirrender sein. Gegen und mit der Spur des Anderen erfüllt sich ein Sinn machendes Vielfaches. Mitten auf der Straße, verlangsamt eine schwer bepackte Frau ihre Schritte, stellt ihr Hab und Gut ab und angelt nach ihrem Handy. Rund um sie braust der Verkehr unvermindert weiter. Wie um einen Stein im Bachbett bahnt sich das Fließende seinen Weg, einen kleinen Strudel hinter dem Hindernis bildend. Ebenso unvermittelt wie sie stehen blieb, beendet die Frau ihr Gespräch und marschiert weiter. Eine unbedeutende Episode, die doch für das System steht: Ein jeder verfolgt sein Leben als Einer unter vielen, ist sich selbst genug und ergänzt das Tun Anderer zu einem unentwirrbaren, Sinn machenden Ganzen, das andernorts und in transformiertem Zusammenhang als Kunstwerk durchgeht. Die Theaterleute würden von einem »Gesamtkunstwerk« sprechen – immer angestrebt zwar, gelingt es doch nur selten genug.

An einer Straßenecke kaufe ich zwei Mangos. Die Verkäuferin fingert einen Geldschein hervor – so viel sollte ich bezahlen: 100 000 VND. Ich lege die Früchte zurück in den Korb. Sie nimmt einen anderen Schein. Diesmal sind es 5000 VDN. Ich kaufe. In einem kleinen Restaurant am schönen *Truc-Bach-Lake* stoße ich erstmals nachhaltig an die Grenzen der Verständigung. Ich bestelle zum Mittagessen Fisch und dazu Wasser. Das Wort für

»Fisch« ist kein Problem, bei »Wasser« scheitere ich. Nach dem dritten Kellner kommt der Englisch sprechende Sohn des Hauses. Ich bestelle »*Water*«. Er nickt und verschwindet. Ich sehe ihn über die Straße laufen. Gleich darauf ist er zurück und stellt ein lauwarmes *Red Bull* auf den Tisch. Der Fisch ist inzwischen kälter als das süße Getränk. Respekt an Herrn Mateschitz: Seine Limonade ist als Grundnahrungsmittel angekommen. Ich schlendere um den See, besuche die älteste chinesische Pagode der Stadt und verzehre im Schatten eines Baumes eine der beiden Mangos. Viele Menschen sind heute unterwegs, es ist Sonntag. Schwäne schwimmen auf dem Wasser, bei näherem Hinsehen sind es Tretboote. Dann geht es quer durch die Stadt zurück, vorbei an Onkel Hos Zuhause. Ein großes Schild hängt da, auch für Fremde entzifferbar: »*Closed*«. Ich frage einen Wachoffizier, was es damit auf sich hat. Offensichtlich habe ich Glück gehabt und eine der letzten Audienzen bekommen. Heute hat Ho seine jährliche Reise nach Russland angetreten: Ein neues Make-up wird ihm verpasst. Die anstrengenden Huldigungen seines Volkes verlangen ihren Preis: Einmal pro Jahr geht es zum Facelifting nach Moskau.

Die breiten Boulevards sind schon fertig geschmückt für die große Fete. Ich bin müde und schwinge mich auf den Rücksitz des nächsten Motorrads. Der Fahrer kennt die Route nicht, ich erkläre sie ihm. Vier Tage sind es her, dass ich in dieser verrückten Stadt ankam, jetzt beschreibe ich einem wildfremden Mann den Weg nach Hause. Am Nachmittag versuche ich zu wiederholtem Mal Geld aus einer Maschine zu ziehen. Ein immer wieder nervenaufreibendes Abenteuer. Es klappt nicht. Ich gehe zur Nächsten, bekomme nur eine kleine Summe ausbezahlt. Wahrscheinlich habe ich es heute schon zu oft versucht. Beunruhigt vertage ich auf morgen. Bei einer Fußmassage im *Alten Viertel* lasse ich mich verwöhnen. Gedämpftes Licht. Sechzig Minuten lang liege ich im Paradies. Die Fachkraft ist eine Göttin der Entspannung – auch des Geschäftes. Sie presst mir genau die Summe, die sie mir anfangs als Discount abzuziehen versprochen hat, als Trinkgeld wieder ab. Egal, der Preis ist gering genug: 8 € ist zivil. Ich stürze mich in den *Nachtmarkt*, der nur Freitag und Samstag stattfindet. Die Menschenmassen, die täglich an mir vorbeihasten sind nichts gegen die Menge, die sich am Abend hier versammelt. So muss sich das winzig kleine Ding gefühlt haben, das meine Zeugung final für sich entschieden hat. Ich schließe mich der nicht abreißenden Menschenmenge an und lasse mich forttreiben. An einer Garküche mache ich Halt und verliere mich im Anblick asiatischer Kochfertigkeit. Heute muss ich meinen Rucksack packen – morgen werde ich auf große Fahrt gehen.

Der Drache (Ha-Long-Bay, 31. August)

Ich muss mal wieder früh raus. Heute startet mein Trip zur *Ha-Long-Bay*. Klopfenden Herzens stehe ich an der Geldmaschine. Es klappt, ich habe Bares und leiste mir zur Feier des Tages auf den von mir so geliebten Kinderstühlchen ein Morgensüppchen. Heute wähle ich ein blaues Stühlchen. Auf der Straße ist schon ein heißes Federballmatch im Gange. Mein Bus ist überpünktlich. Noch ein schneller Kaffee und los geht's. Vier Stunden Fahrt über Land, inklusive Pinkelpause und des Versuchs, unserer kleinen Reisegesellschaft ein paar Souvenirs anzudrehen. Direkt bei der Ankunft des Busses in *Ha-Long-City* wartet bereits das Zubringerboot, das uns auf die *Viola Cruise* bringt. Der Kahn ist brandneu, man sieht es. Ein wunderschönes Schiff, das gerade mal für zehn Passagiere ausgerichtet ist. Wir gleiten aus dem Hafen, vorbei an bizarren Felsformationen, die wie riesige Stockzähne im Meer stehen. »*Ha Long*« heißt wörtlich übersetzt: »Wo der Drache ins Meer steigt«. Der Legende nach wurde die Bucht von einem Drachen erschaffen, der in den Bergen lebte. Als er, durch Menschen aufgeschreckt, zur Küste stürmte, schlug sein Schwanz spektakuläre Furchen in die Landschaft. Nachdem er ins Meer tauchte und für immer verschwand, füllte sich die von ihm erschaffene Landschaft mit Wasser. Heute noch vermieten erfindungsreiche Locals Boote an gutgläubige Touristen und suchen mit ihnen nach dem Ungeheuer.

An Bord wartet ein Mittagessen auf uns: Buffet à Degustation. Ich bekomme eine Doppelkabine mit Balkon zugeteilt: Ein herrlicher Luxus! Wir bewegen uns lautlos durch die bizarre Landschaft. Erste Station ist die *Hang-Sung-Sot-Cave*. Neunzig schweißtreibende Stufen später stehen wir am Eingang zur »Höhle der Überraschungen«. Beleuchtet ist die riesige Unterwelt kitschig wie die Grottenbahn. Unermesslich schwül ist es hier drinnen. Wir kämpfen uns durch gigantische Höhlensäle vor – für mich als Platzängstler eine wirkliche Herausforderung. Ich entschließe mich aber zur guten Laune, schließlich habe ich nicht wenig für den Ausflug bezahlt. Danach geht es zu einer Perlenfarm. Genaugenommen werden hier Perlen gezüchtet. Wehrlosen Austern wird ein winzig kleiner Fremdkörper eingesetzt. Die Muschel stößt den Eindringling entweder ab oder schützt sich, indem sie zum Gegenangriff übergeht: Nach und nach verpuppt sie den »Feind« mit Schichten von Perlmutt, der Substanz ihrer Schale. Die Zuchtperle entsteht. In einem Schauraum nebenan kann man sie kaufen. Irgendwie finde ich das Ganze ethisch nicht in Ordnung (zu einem späteren Zeitpunkt werde ich meine Bedenken hintanstellen). Nächste Station ist die winzige Insel *Dao Titop*, auf deren Spitze sich eine Aussichtswarte in Form eines chinesischen Tempels befindet. Im Laufschritt erklimme ich die vierhundert Stufen. Der Berg ist so hoch wie der Stephansturm. Laufen Sie den mal bei fünfundvierzig Grad Celsius und einer geschätzten Luftfeuchtigkeit von achtundneunzig Prozent hinauf, dann können Sie meinen Stolz nachvollziehen, als ich als erster oben ankomme (ich schaffe das nur, weil ich gut trainiert bin). Auf der Aussichtsplattform werde ich mit einem atemberaubenden Rundblick belohnt: Schroffe Karstkegel, teilweise von üppigen Grün bewachsen, deren bizarre Formen jahrhundertelang von Wind und Wellen aus den Felsen gewaschen wurden, stehen wie Kerzen auf einer Geburtstagstorte im leuchtend grünen Meer. Unten angekommen: Das erfrischende Bad in den »kühlen« Fluten.

Das Wasser ist beinahe so heiß wie die Luft. Und: Ich bin nicht alleine. Was habe ich erwartet? Die *Ha-Long-Bay* ist *das* Touristenzentrum des Nordens. In Wahrheit ist die sehr große Bucht überfüllt mit Ausflugsschiffen. Die Reise alleine zu unternehmen wäre zeitraubend und beschwerlich. Also: Zähne zusammenbeißen und aufpassen, dass man beim nächsten Atemzug nicht den einen oder anderen Touristen verschluckt. Zurück am Schiff: Relaxen, duschen und – Dinner … Seafood! Als Nachspeise nehme ich an Deck einen kräftigen Schluck Whisky. Der Himmel hat aufgeklart, nachdem uns am Nachmittag ein Regenguss überrascht hatte. Die tropische Nacht legt sich wie eine warme Decke über die Welt. Ich nehme noch einen kräftigen Schluck, dann noch einen, dann noch ein paar und denke an Zuhause. Klar, ich bin glücklich hier zu sein. Und doch bedaure ich, all das Schöne alleine zu genießen. Das von unserem bestens gelaunten Animator vorbereitete Karaoke wird von mir gewissenhaft boykottiert. Ich ziehe mich in meine Kabine zurück. Heute endet meine zehnjährige Direktionszeit am Volkstheater Wien. Ich begehe das Ende würdevoll: Auf einer Dschunke im südchinesischen Meer.

Wieder zu Hause
(Ha-Long-Bay – Hanoi, 1. September)

Das Gegröle dauert beinahe die ganze Nacht. In Südostasien sind sie Karaoke-süchtig. Ich öffne die Balkontüren meiner schönen Kabine und genieße, wenn schon nicht den Schlaf, so doch die feuchtheiße Nachtluft unter Millionen von Sternen. Ich denke mir Namen für einige dieser glitzernden Punkte aus und falle irgendwann in einen traumverquerten Schlaf. Früh am Morgen erwache ich. Heute findet in Wien das Begräbnis eines Freundes statt. Ich schicke ein paar Nachrichten nach Hause. Auch an meine Nachfolgerin im Theater. Ich wünsche ihr Glück. Seltsam, wie schnell die vierzig Jahre meiner Theaterzeitrechnung vergingen (eigentlich sind es ja zweihundertachtzig Jahre – Theaterjahre entsprechen Hundejahren, man multipliziert mit sieben). Vor Kurzem noch galt ich als eines der vielversprechendsten Talente. Nun bin ich Vergangenheit. Ich werde mich daran gewöhnen. Letztlich war es mein eigener Wunsch den Schlussstrich zu ziehen. Ich bereue es nicht. Die Direktionszeit zuletzt war aufregend, teilweise auch überfordernd. Jetzt bin ich in einer anderen Welt erwacht. Ein tiefes Brummen war schuld daran. Wir gleiten über das ruhige Wasser, vorbei an malerischen Felsen, die der Große Drache mit seiner Schwanzspitze schuf. Ich gehe an Deck, von meiner Kabine aus sehe ich nur die eine Hälfte der Welt. Der rötliche Morgenhimmel lässt die Landschaft um mich herum noch unwirklicher erscheinen. Schwärme von fliegenden Fischen tauchen aus der spiegelglatten See auf, verschwinden wieder. Eine Formation von Kranichen fliegt majestätisch über der Wasseroberfläche. Hoch über mir kreisen Fregattvögel. Ich beobachte ihren Flug mit dem alten Fernglas meines Vaters. Ich hatte es als Erinnerungsstück aufgehoben. Es ist dies die erste Reise, auf die ich es mitzunehmen nicht vergessen habe. Sonderbar. Gerade heute, da ich so vieles zurücklasse, benutze ich zum ersten Mal den »Gucker«, wie ihn mein Vater nannte und mit dem er weit vor meiner Zeit so viele Theaterbilder betrachtet hatte. Nachdem er seinen Traum vom Theater begraben musste, blieb er der Bühne nur mehr als Zuseher erhalten. Der Beruf als Architekt hat seinen Blick fürs Wesentliche geschärft, dieser Gucker den Blick fürs Theater. Jetzt, da ich die Welt, die ich gerade erfahre, durch seine Augen sehe und mich dieser Moment ihm so nahe bringt, empfinde ich nicht nur Sehnsucht, sondern auch Dankbarkeit.

Achtern legen die Boys Tai-Chi-Matten aus und beginnen mit Dehnübungen. Nach dem nächtlichen Karaoke wieder etwas, woran ich mich nicht beteilige. Ich glaube, ich bin nicht fürs Gruppenleben geboren. Ich träume mich lieber ein wenig weg. Eine schroffe Lautsprecherdurchsage holt mich zurück ins Jetzt. Der Ausflug zum *Floating Village* startet in wenigen Minuten. Ich beeile mich mein Regenzeug hervorzukramen. Gestern Abend musste man sich entscheiden, wie man den Trip bestreiten will: Auf eigene Faust in einem Kajak oder durchs Dorf gerudert zu werden. Dafür entschied ich mich. Unnötig zu sagen, dass die Gruppe einstimmig das Kajak gewählt hat. Kaum waren wir am Pier, dem Ausgangspunkt unseres kleinen Ausfluges angekommen, als ein gewaltiger Tropenregen einsetzte. Mit Schirm in der Hand nehme ich in meinem Boot Platz und mein Guide legt sich ins Zeug. Hinter mir werden meine Kollegen mit Hilfe von kräftigen Burschen in schmale Kajaks gezwängt – wie Sardellen in die Dose. Ich winke ihnen fröhlich zu. Während ich einigermaßen trocken durch das schwimmende Dorf gestakst werde, sind die Anderen bereits vollkommen durchnässt, obwohl sie grade erst mal Platz genommen haben. Eine dreiviertel Stunde später stehen wir alle wieder am Landungssteg. Ich bin trocken, die Paddler zum Auswringen. Die Fahrt an den Hausbooten vorbei war, trotz strömenden Regen, eindrucksvoll. Die Menschen hier leben vom Fischfang, den größten Teil des Tages aber sind sie zum Nichtstun verdammt: Frauen kochen, Männer dösen in Hängematten. Kinder sehe ich kaum welche. Angeblich sind sie in der Schule. Das Schulgebäude aber steht leer. Die Menschen sollen abgesiedelt werden, erfahre ich, das Government will es so. Das Wasser wird zu sehr verschmutzt. Tatsächlich schwimmt im tiefgrünen Wasser jede Menge Unrat. Zurück am Schiff verziehen sich die Wolken, es klart auf. An Bord ist »Show Cooking« angesagt. Oh mein Gott! Jetzt müssen wir auch noch zusehen, wie Gemüse geschnitten und Glasnudeln weich gekocht werden. Ich bin mal wieder geheilt. Alles bin ich, nur kein Gruppenreisender.

Zurück in *Hanoi*. Ich habe das Gefühl nach Hause zu kommen. Ich gehe auf ein flüssiges Suppenhuhn, genannt

Pho und schlendere durch das vertraute Viertel. Überall hier bin ich schon unzählige Male vorbeigekommen. Alleinreisende lenkt nichts und niemand ab. Es ist, als ob ich in einem Brennglas lebte, so intensiv empfinde ich all die Eindrücke hier. Ich suche nach einem netten Souvenir. Ein Mann zieht meine Aufmerksamkeit auf sich: Er hockt auf einem Schemel und fabriziert Stempel. Ich schreibe einen Namen und ein Datum auf ein Blatt Papier und wünsche mir, dass er beides unter ein springendes, chinesisches Männchen schnitzen möge. Er macht sich an die Arbeit. Die Fläche die der Mann bearbeitet ist klein wie ein Daumennagel. Wie durch Zauberhand hat er es innerhalb kürzester Zeit geschafft, noch dazu in Spiegelschrift. Ich bin begeistert und bedeute das dem Künstler auch. Ungerührt wendet er sich einem neuen Auftrag zu. Hier ist man an Wunder gewöhnt. Ich suche einen Tempel, in dem heute ein Konzert stattfinden soll – und finde ihn. Und ich finde noch etwas: Zwei Häuser weiter – eine Fußmassage. Ich überlasse mich den flinken, rauen Händen einer alten Frau: Ein überirdischer Genuss! Danach kaufe ich ein anmutiges Schiffchen aus Papier, das man auf- und zuklappen kann und das doch nur einige Zentimeter groß ist: Ein weiteres Wunder vietnamesischer Handfertigkeit. Die Herausforderung wird sein, diese hübsche Papierarbeit quer durch Vietnam zu befördern und letztlich unbeschadet nach Hause zu bringen. Das Konzert ist ein Erlebnis: Saiteninstrumente, Holzstäbe, Trommeln. Und dazu die Frauenstimmen: Klagende, mit Kopfstimme gesungene Töne. Die Musiker tragen alte Kostüme, die Sängerinnen sind in schöne Tücher gehüllt.

Anmutig nehmen sie auf einem kleinen Postament Platz. Wenn sie ihre Darbietung beenden, heben die Musiker ihre Instrumente hoch – dann dürfen die Zuhörer applaudieren. Ich lasse mich forttragen in ein altes Vietnam, in eine vergangene Zeit. Während außerhalb des Tempels das Amüsement tobt und das moderne, vitale und starke Vietnam seinem morgigen großen Tag entgegenfiebert, steht hier drinnen die Zeit still. Ergriffen verlasse ich nach dem Konzert den weihevollen Raum und trete hinaus in das pulsierende Leben: Gleich nebenan ist ein Sushi-Laden allerster Güte. Danach, im Hotel, die noch größere Überraschung: Die Technik macht's möglich und ich telefoniere mit Europa, genauer gesagt mit Österreich, noch genauer gesagt mit Mauerbach …

Der Unabhängigkeitstag (Hanoi, 2. September)

Ein Mann neben mir spricht mich an: »*Ob ich denn weiß, was heute für ein Tag ist?*« Ich sitze auf einer Bank am Ufer des *Tay-Ho-Lake*, des »West-Sees«, im Norden der Stadt, dort wo *Hanois* noble Wohnviertel liegen. Eine Abordnung von Omis vollführt wie in Zeitlupe Tai-Chi-Übungen. Unter strenger Anleitung einer kaum jüngeren Vorturnerin wird das komplette Repertoire konzentrationsfördernder Übungen durchgemacht. Ich betrachte den Mann neben mir, er hat sein bestes Gewand an: Beigefarbene Hose, weißes Ausschlaghemd, spitze, geputzte Schuhe. »*Ja*«, sage ich, »*Ich weiß es.*« Er nickt stolz. Heute ist der Jahrestag des Beginns eines Freiheitskampfes der dreißig qualvolle Jahre dauerte. Die wichtigsten Straßen sind schon gesperrt. Ich musste über Umwegen hierher kommen. Menschenmassen strömen in Richtung Innenstadt. Der Mann hat mir den besten Einstieg zum großen Fest verraten. Dorthin gehe ich, es ist höchste Zeit. Aus Lautsprechern, die an Lichtmasten und Verkehrsschildern angebracht sind, dröhnen Parolen und stramm gesungene Revolutionslieder. Die ganze Stadt ist ein einziger Klangkörper. Ich laufe eine breite Straße entlang, die vom *Ba-Dinh*, dem großen Platz vor Onkel Hos Zuhause, quer durch die Altstadt in Richtung Oper führt. Auf dieser Straße wird die Parade stattfinden. Das Durchkommen ist schwierig, aber noch bin ich unterwegs. Die

Trang Thi, eine Straße südlich des Schildkrötensees ist mein Ziel. Allerdings bin ich nicht der Einzige, der einen guten Aussichtsplatz erobern will, Millionen sind unterwegs und stimmen sich lautstark auf das bevorstehende Fest ein. Mit einem Mal geht gar nichts mehr: Ich stecke fest. In die Menschenmasse kommt Bewegung. Applaus brandet auf. Spitze Schreie. Offenbar sind die ersten Abordnungen in Sicht. Nicht für mich. Ich sehe rund um mich nur Menschenleiber, schiebend, stoßend, die Köpfe nach oben gereckt wie Truthähne. Ich will es ihnen gleich tun, aber es ist aussichtslos. Also entschließe ich mich zum Rückzug – auch das ist nicht einfach. Hatte ich gerade noch alle Tricks angewandt um vorwärts zu kommen, so versuche ich nun Gegenteiliges. Mit aller Kraft zwänge ich mich durch die undurchdringliche Menschenmauer. Jetzt gilt es zu überleben. Ich nehme all meine Kraft zusammen.

Und dann ist es plötzlich geschafft, ich entkomme der gefährlichen Zone. Wie mir das gelungen ist – ich weiß es nicht. Überlebenswille. Ich nehme es als ein Geschenk des Himmels, als kleinen Gruß des Jubilars. Im Schaufenster eines Friseurladens hängt ein Monitor. Tatsächlich hat die Parade vor dem *Ho-Chi-Minh-Mausoleum* begonnen. Ich starre gebannt auf den Bildschirm und sehe, was die Welt heute Abend von den Nachrichtenagenturen ins Haus geliefert bekommt. Ich bin so aufgeregt, dass ich, in Ermangelung des Live-Erlebnisses, beginne, die Fernsehbilder zu fotografieren. Wenigstens etwas. Dann habe ich eine Idee: Da ich mich in *Hanoi* bereits einigermaßen orientieren kann, umgehe ich die Menschenmenge großflächig, indem ich auf Seitenpfade ausweiche. Und tatsächlich, ich erreiche eine Straßenkreuzung, auf der ich mich, wenn auch in zweiter Reihe, so doch einigermaßen komfortabel postieren kann. Von hier aus nehme ich die Parade ab. Die Formationen ziehen im Stechschritt vorbei und erweisen mir salutierend die Reverenz: Der Mann aus dem fernen Europa, der den Roten Stern wieder entdeckt hat, wird gebührend begrüßt. Gerührt winke ich den jungen Kameraden zu. Dann blicke ich mich um und entdecke hinter mir ein beflaggtes Gebäude. Ist es möglich, dass ihr Gruß gar nicht mir gegolten hat? Neben mir steht ein Mädchen, deren strahlende Augen mich berühren. Sie ist heute mit ihrer Freundin da. Beide sind außer sich vor Begeisterung, stoßen einander immer wieder an und jubeln den vorbei marschierenden Soldaten zu. Sie haben all das Leid und die Brutalität des Krieges nicht miterlebt, aber sie wissen, was dieser Tag für ihr Land bedeutet. Ihre Eltern und Großeltern haben mit ihrem Blut für ihre Freiheit bezahlt und die Soldaten garantieren sie. In den Augen dieses Mädchens lese ich unermesslichen Stolz über ihr starkes, mutiges Land und ich begreife auf sehr einfache Weise die Wahrheit ihrer Welt. Die andere Wahrheit steckt in ihrer rechten Jackentasche: Eine Coca-Cola-Dose.

Ich runde mein Feiertagsprogramm stilgerecht mit einem Ausflug in den *Lenin Park* ab. Dort beobachte ich den Nachwuchs der Revolution: Kinder, die an der Hand ihrer Eltern spielerisch die Welt erfahren. Auf einem Karussell, in kleinen Kampfflugzeugen hockend, fliegen sie strahlend vorbei – und die Eltern winken lachend zurück. Ich habe genug von der Wahrheit, sehe mich nach einem Motorrad um, ich will zum *Ethnologischen Museum*. Der Mann, den ich anspreche ist überfordert und kramt sein Handy hervor. Keiner seiner Kollegen vermag ihm zu helfen. Ich will aufgeben, aber er hält mich zurück. Den lukrativen Auftrag mag er sich nicht entgehen lassen. Tatsächlich, einer der Anrufe ist erfolgreich. Er klopft auf den Sozius, ich schwinge mich auf die Maschine und ab geht der Teufelsritt. Das Museum liegt nicht gerade auf dem Weg. Unterwegs begreife ich die Dimension der Aufgabe. Wir steuern einen Außenbezirk *Hanois* an. Der Typ hält sein Handy im Helm eingeklemmt und telefoniert, um sich laufend abzudaten: »*Human Navigation System*« nennt man das hierzulande. Er gibt ordentlich Gas und ich bereue, kein Auto-Taxi genommen zu haben. Mehr als einmal entgehen wir um Haaresbreite einem Zusammenstoß, einmal so knapp, dass ich den Abdruck des gegnerischen Vorderreifens auf meinem Bein als Souvenir davontrage. Mit einem Ruck bleiben wir stehen. Wir sind am Ziel – sagt das System. Mitnichten. Der Mann ist ratlos. Vom Museum ist nichts zu sehen. Er lässt die Kupplung schnalzen und wir brausen weiter. Tatsächlich kommt der große Betonklotz erst nach einiger Zeit in Sicht. Er kristelt ab, die Reifen schmieren eine glühende Bremsspur auf den Asphalt. Die Rallye ist zu Ende. Statt dass ich Schmerzensgeld beziehe, presst mir der Kerl noch einen Aufpreis wegen des langen Weges ab. Ich bin erleichtert, mit dem Leben davongekommen zu sein, bezahle und verschwinde im tiefgekühlten Museum. Das *Ethnologikum* erweist sich als Treffer. Alle Volksstämme des Landes sind hier vertreten, ganze Dörfer wurden auf dem großen Areal nachgebaut. Ich betrachte gerade Figuren, die mit überdimensionalen Geschlechtsteilen ausgestattet, rund um ein Holzhaus aufgestellt sind, als ich Blicke wahrnehme. Ich fühle mich wie ertappt und wende mich verlegen um. Neben mir steht ein junges Paar. Schuldbewusst drehe ich mich ab, aber die junge Frau streckt ihren Arm aus und nimmt mich bei der Hand. Ich blicke entschuldigend zu ihrem Freund. Der lächelt, holt seine Kamera hervor und schießt ein paar Bilder von seiner Freundin und dem Fremden. Ein hübsches Beispiel asiatisch-europäischer Mischkulanz – das Museum ist um eine Ethnie reicher. In einem anderen Pavillon habe ich Erfolg bei Kindern. Sie umringen mich, fragen (soweit ich verstehe) woher ich komme, was ich hier wolle und weshalb ich eine so lange Nase habe. Sie kriegen sich nicht ein vor Lachen. Bevor ich antworten kann, laufen sie fröhlich zu ihrer Lehrerin hin und erzählen ihr das Unglaubliche.

Zurück in die Innenstadt wage ich den gleichen Ritt noch mal, nur mit einem gemäßigteren Biker. Abends gönne ich mir eine neuerliche Behandlung meiner gestressten Füße. Dabei tauche ich ab und träume von Soldaten, Geschlechtsteilen und Unfällen. Vorsichtshalber schrecke ich rechtzeitig hoch und bin froh, dass ich diesen Tag, wie es allen Anschein hat, überlebe. In einer Garage, die untertags eine Motorradwerkstatt sein könnte, ist eine Garküche eingerichtet. Natürlich bin ich auch hier wieder die Attraktion: Omi kocht, die beiden Töchter servieren und das Enkel spielt zwischen den

Tischen. Immer und immer wieder bringt mir der kleine Racker die Speisekarte, immer und immer wieder bestelle ich die gleichen Speisen. Nach dem hundertsten Mal lachen die drei Frauen immer noch Tränen über mein intensives Spiel. Der Knirps nimmt jedes Mal mit großem Ernst die Bestellung auf, sieht mich mit seinen großen Mopsaugen an, eilt zu seiner Omi, um erneut zu mir zurückzukehren und mir die Speisekarte zu reichen. Ich bestelle von Mal zu Mal lustloser, was die Frauen nur noch mehr zum Lachen bringt. Ich kann machen was ich will, der Erfolg ist mir heute sicher.

Regen setzt ein, im Laufschritt geht's zum *Hoan-Kiem-Lake*. Hier soll mir zu Ehren (oder doch für Onkel Ho?) das große Feuerwerk stattfinden. Wenn hier je von »vielen Menschen« die Rede war, so stellt das, was ich jetzt vorfinde, alles in den Schatten: Was immer sich nur irgendwie auf den Beinen halten kann, steht hier dicht auf dicht, Nase an Nase. Ich drücke mich an eine Hauswand, da fühle ich mich geschützter als mittendrin. Auf die Sekunde genau um einundzwanzig Uhr krachen die ersten Böller. Die Menge jubelt. Der Nachthimmel über *Hanoi* färbt sich rot und grün und gelb. Durch den strömenden Regen gleicht das alles einem verschrammt kolorierten Bollywood-Film. Jetzt kommt Bewegung in die Massen. Da der Blick durch Bäume verstellt ist, versucht sich jeder eine bessere Aussicht zu erarbeiten, was durch die nachdrückende Menschenmenge mehr und mehr gefährlich wird. Dazu kommt, dass die meisten mit Regenschirmen bewaffnet sind, was den Positionskämpfen noch zusätzliche Brisanz verleiht. Das Feuerwerk ist nach exakt fünfzehn Minuten vorbei. Zu diesem Zeitpunkt bin ich schon wieder im Trockenen, in meinem Hotelzimmer. Aufgrund völliger Durchnässung wurde der Rest der heutigen Feierlichkeiten von mir höchstpersönlich abgesagt.

Ein Land hinter Gittern
(Hanoi – Hue, 3. September)

Ich stehe auf dem Perron des *Ga Hang Co*, des Haupt-
bahnhofes von *Hanoi*, von dem aus die Züge in Richtung
Süden fahren. Es ist eine halbe Stunde vor Abfahrt. Niemand nimmt Notiz von mir, niemand will wissen, ob ich,
der rechtmäßige Besitzer des Sitzes 33, Waggon 5 auf
eben jenen Namen hört, der in meinem Pass vermerkt ist
und den ich in Erwartung einer Kontrolle in der Hand
halte. Die Nacht war kurz. Das Hotel lag noch im Tiefschlaf. Gestern Abend aber war High Life. Der Frühstücksraum, der sich von der Rezeption weit nach hinten
erstreckt, war verparkt wie schon lange nicht. Offenbar
hat die Direktion des Hauses vom gestrigen Verkehrsinfarkt profitiert. Die nächtlichen Parktickets gingen weg
wie die warmen Semmeln. Ich habe nachgezählt: 23 Mopeds. Mit Mühe habe ich mich zur hinteren Treppe
durchgekämpft. Mein Freund, der Rezeptionist, sah meinen Hürdenlauf: »*It's okay for you?*«, wollte er wissen.
Heute Morgen ist der Raum bis auf einige wenige Maschi-
nen leer. Stattdessen ist ein Matratzenlager aufgeschlagen. Der Hotelmanager, nebst seinem Assistenten und
einigen anderen Hausangestellten, darunter das nette
Zimmermädchen, das mich am ersten Tag so großherzig
verschont hatte, haben es sich in der Lobby gemütlich
gemacht. Während ich mich vorsichtig an ihnen vor-

beizwänge, schreckt ein junger Mann hoch und begibt sich dienstbeflissen hinter seinen Schreibtisch. Ich frage nach dem bestellten Taxi. Hektisch bellt er ins Telefon und weckt damit endgültig das übrige Personal. Kurze Zeit später erscheint wie von Zauberhand eine alte Kiste, die mich zum Bahnhof bringt. Es regnet. *Hanoi* wirkt um diese Uhrzeit wie der steinerne Moloch aus Ridley Scotts »*Blade Runner*«. Die Stadt verarbeitet ihren Kater vom gestrigen Abend. Wir kommen am *Lenin Park* vorbei und ich traue meinen Augen nicht: Menschenmassen, in Formation oder alleine, tanzen im strömenden Regen auf Wegen und Rasenflächen. Manche mit Schirm, andere mit Pelerinen, viele auch mit nacktem Oberkörper. Tai-Chi zieht immer, auch bei Regen um viertel sechs in der Früh.

Der Fernzug *TN1* nach *Saigon (Ho-Chi-Minh-City)* verlässt *Hanoi*, die Stadt, die meine Einstiegsdroge in eines der faszinierendsten Länder Südostasiens war, zu nachtschlafender Zeit. Das Zugsabteil, obwohl »Luxusklasse«, starrt vor Dreck. Irgendwie passe ich mit meiner nicht mehr ganz friktionsfreien Kleidung gar nicht schlecht hierher. Die Polstersitze der *Soft Seat Class* sind in die Jahre gekommen. Wahrscheinlich wurden sie in der Kolonialzeit des letzten Jahrtausends gefertigt und seither nicht mehr gereinigt. Ich bin zum Überleben entschlossen und nehme Platz. Das Abteil ist zum Glück nicht voll. Ich habe einen Fensterplatz gegen die Fahrtrichtung. Das macht mir nichts aus, ich blicke gerne zurück. Die Zukunft überholt mich so oder anders. Draußen beginnt es zu dämmern. Wir bewegen uns im

Schritttempo durch die Außenhaut *Hanois*. Oft würde nicht mal ein Bananenblatt dazwischen passen, so dicht fahren wir an Hütten und Hühnerställen vorbei. Immer wieder ertönen schrille Warnsignale. Schranken gibt es keine. Mütter halten ihre Kinder an der Hand, Tiere starren mit großen Augen dem Wunder Eisenbahn nach, Motorradfahrer schlürfen gemütlich ihre Frühstücks-Pho, die Beine über die Lenkstange gelegt. Wenn der Zug vorbei ist geht für sie alle das Leben, das gerade noch den Atem anhielt, weiter. Im Abteil rattern die Ventilatoren, drehen sich von links nach rechts und verteilen die abgestandene Luft. Wir verlassen die Vorstadt, die Landschaft wird ländlich: Reisfelder, kleine Ortschaften, Tümpel, in deren Schlamm Wasserbüffel Schutz vor Fliegen suchen. Es regnet, regnet, regnet. Quer über Flüsse und Teiche ziehen Entengeschwader über das Wasser. Schnecken und Frösche haben's hier nicht leicht. Rund um mich: Reiseidylle. Menschen verstauen Berge von Gepäck, packen Mitgebrachtes aus und beginnen mit dem Frühstück. Viele fallen sofort in Tiefschlaf, auch ich. Wenn mein großer Rucksack verschwindet, verschwindet er. Den Tagesrucksack aber halte ich auch im Schlaf fest umschlungen wie ein Kuscheltier. Eine zwölfstündige Zugfahrt beginnt, so lange wie der Flieger bis hierher gebraucht hat. Je südlicher wir kommen, desto besser wird das Wetter. Zu Mittag rollt ein Essenswagen durch das inzwischen überbelegte Abteil. Ich kralle mir eine Pappendeckelbox mit Hühnchen, Reis und eingelegtem Gemüse – nicht übel, obwohl frisch aus dem Kühlschrank. Im Abteil befinden sich ausschließlich Vietnamesen.

Ein Huhn ist mit von der Partie. Manchmal meldet es Bedürfnisse an, hinterlässt einen Schwatzer, gackert erleichtert und flattert auf ein Tischchen, wo es, zur Erheiterung aller, zufrieden gurrend nach Essensresten pickt. Die Kühle, die durch den Luftzug der Ventilatoren verursacht wird, ist offenbar schuld an gewaltigen Niesorgien. Die Vielfalt und Lautstärke übertrifft alles, was ich bisher auf diesem Gebiet erlebt habe. Niemand nimmt Notiz davon. Hierorts erscheint Privatimes als Selbstverständlichkeit. Nach einiger Zeit beginne auch ich meine Hemmungen über Bord zu werfen, so mich das Verlangen überkommt, und trompete fröhlich mit. Wohlwollendes Nicken ringsum soll mir bedeuten, als einer der ihren angesehen zu werden. Mittlerweile ist das Abteil gefüllt wie eine Konservendose mit Sardellenringerln. Draußen fliegt die Landschaft vorbei. Leider sind die Fenster vergittert. Ob zum Schutz der Passagiere oder um deren mögliche Fluchtversuche zu verhindern weiß ich nicht. Es sieht aus, als wäre das Land hinter schwedischen Gardinen. Dabei ist das Gegenteil der Fall. Ein fruchtbares und freies Land zieht da an mir vorbei, ein Land, das in jeder Hinsicht als ein führendes im südostasiatischen Raum gilt. Die Fahrzeit wird sich um mindestens zwei Stunden verzögern: Immer wieder hält der Zug und wartet den Gegenverkehr ab. Fahrpläne beruhen auf Schätzungen. Draußen wird es dunkel. Nach vierzehn Stunden erreichen wir den Bahnhof von *Hue*. Ich nehme ein Motorrad und lasse mich auf schnellstem Weg zum Hotel bringen. Trotzdem meine Reise den ganzen Tag gedauert hat, ist mir die Zeit im Zug nicht lang geworden, im Gegenteil: Sie ist wie im Flug vergangen.

Die Purpurstadt (Hue, 4. September)

Die Fahrt von *Hanoi* nach *Hue*, der alten Kaiserstadt in Zentralvietnam, südlich des *17. Breitengrades*, an der Grenze zwischen Nord- und Südvietnam, die anlässlich der *Indochinakonferenz 1954* in Genf festgelegt wurde, war anstrengender als ich mir eingestehen wollte. Vierzehn Stunden zu sitzen, geht in die Knochen. Das Verlassen des Platzes hätte den sofortigen Verlust desselben bedeutet. Ich erwache in einem schönen, weichen, sauberen Bett des *Holiday Diamond Hotel*. Es liegt etwas außerhalb der Stadt in der Nähe eines kleinen Flüsschens. Dass es zudem noch günstig ist, macht es nur noch sympathischer. Der erste und wichtigste Weg am Morgen ist der zum Geldautomaten. Ein Ritual, das Mal für Mal nervt. Wieder zickt die Maschine. Erst die zweite funktioniert. Eigentlich könnte ich ja gleich mit der zweiten beginnen, wenn ich nur wüsste, welche die erste ist. Der Moment, wenn die Kreditkarte unversehrt den Schlitz verlässt, ist jedes Mal ein beruhigender. Mit der netten Rezeptionistin bespreche ich meine weiteren Pläne. Natürlich ist sie mir bei allem gerne behilflich, schließlich lebt sie davon – und nicht schlecht, wie ich feststelle, als ich mir in einem Reisebüro das gleiche Angebot vorlegen lasse. Ich möchte zum alten Stadtkern von *Hue* und nehme eine Fahrradriksha. Der Mann verspricht, mich eine Stunde lang rund um die Stadt, die um den Wassergraben des *Kaiser-*

lichen Palastes angelegt ist, zu fahren. Wir feilschen um den Preis und einigen uns – nicht. Ich wende mich an einen seiner Kollegen. Der Mann hat die Verhandlung mitbekommen, mit ihm werde ich handelseins. Alleine mit der Kraft seiner Beine wird mich der arme Teufel kreuz und quer durch die Stadt strampeln. Bei der geringsten Steigung verursacht mir jede bisher verzehrte Pho schlechtes Gewissen. Es ist heiß wie in einem Backofen. Immer wieder lässt mich der Mann absteigen und lädt mich zu einer kleinen Besichtigung am Rande des Weges ein. Die Pause bedeutet für ihn eine willkommene Gelegenheit zu rasten. Kurz bevor die Stunde um ist, schlägt er eine Richtung ein, die dem Beginn unserer Tour diametral gegenüber liegt. Pünktlich halten wir im Niemandsland. Der Fahrer bedeutet mir, dass die Reise hier zu Ende ist – wenn ich zum Ausgangspunkt zurück möchte, müsste ich noch mal denselben Preis bezahlen. Somit wäre sein Kollege gerächt. Der Mann hat nicht mit meinem Ortssinn gerechnet. Ich steige ab, bezahle die ausgemachte Summe und winke ihm zum Abschied zu. Er winkt zurück und fährt kopfschüttelnd davon. Ich hatte mir zuvor jede Straßenecke eingeprägt, es ist ein Kinderspiel zum *Kaiserlichen Palast* zurück zu finden.

Die Anlage ist großartig. Bis 1945 regierten hier die letzten Kaiser der *Nguyen*-Dynastie, zuletzt unter Duldung der französischen Besatzer. Ich finde ein kleines Lokal, nahe der *Kaiserlichen Thronhalle*, in dem ich ein paar Eintragungen in mein Tagebuch kritzle. Ein Chinese gesellt sich zu mir und bewundert meine kleine, akkurate Schrift. »*Ob ich der Schönheit des Ortes wegen hier bin?*«.

Ich lächle und nicke. *»Wie viele Einwohner mein Land hat«,* fragt er mich unvermittelt. *»Etwa achteinhalb Millionen«,* sage ich. Er bekommt einen Lachanfall. *»Very small!«.* Bestens gelaunt schließt er sich wieder seiner Reisegruppe an. Eine bessere Pointe hätte ich, scheint es, nicht landen können. Er nimmt Platz in einem kleinen gelben Wägelchen. An andere gekoppelt, dienen diese Züge weltweit der Beförderung von Touristen. Das Gefährt ähnelt einem chinesischen Drachen. *»Very small!«.* Jetzt winken mir auch seine Kollegen zu. *»Very small!«,* krähen sie, die Augen zu schmalen Schlitzen verengt, so fährt die fröhliche Reisegesellschaft aus dem Reich der Mitte dahin, sich ausschüttend vor Lachen über die Winzigkeit jenes sagenhaften Landes, das auf dem Bildschirm ihres Vorstellungsvermögens gerade mal der Einwohnerschaft eines Außenbezirks einer mittelgroßen chinesischen Stadt entspricht. Ihr ausgelassenes Lachen ist noch lange zu hören. Erst als das Vehikel um eine Kurve biegt, ganz vorne, wo es zum *Jadetempel* der Königinmutter geht, wird das »Gebrüll des chinesischen Drachens« leiser. Kurze Zeit später treffe ich in einer wunderschön restaurierten Wandelhalle (große Teile waren im Krieg zerstört worden, nur wenige wurden wieder aufgebaut) auf Musikanten, die in historischen Kostümen zeremonielle Musik spielen. Ich genieße die wundersamen Klänge – wenn da nicht die heitere Reisegruppe von vorhin wäre, die unvermittelt wieder auftaucht, mir fröhlich zuwinkt, in abermaliges Gelächter ausbricht und nur mühsam von ihrem Reiseleiter dazu gebracht wird, den Klängen der Musiker Gehör zu schenken. Was er nicht verhindern kann, ist, dass sich die Brüder und Schwestern aus dem großen Reich völlig ungeniert zwischen den Künstlern hindurchzwängen, um jede Menge Selfies zu schießen. Kunst muss, wenn sie sich verkauft, mit allem rechnen. Ich fliehe den Boxeraufstand und überlasse mich einem schön gemachten Film über das versunkene Leben der hohen Herrschaften in der *Verbotenen Purpurstadt* von *Hue*.

In einem anderen Gebäude ist ein Theater untergebracht. Die Vorstellung ist in vollem Gange. Der Mann am Einlass baut sich vor mir auf. *»No Entry!«*, faucht er streng. *»Die Vorstellung hat bereits begonnen«*. Er funkelt mich mit den Augen eines Schneeleoparden an. *»Ich komme auch vom Theater«*, flüstere ich. Das bewirkt genau nichts. Der Mann pflanzt sich mit der Wucht seines schweren Körpers vor mir auf wie ein Monolith. Ein Schein wandert in seine Hand – ich betrete den Saal. Auf der Bühne hat ein Orchester Platz genommen. Mit wächsernen Gesichtern tröten, zimbeln, zupfen und streichen die Musiker, was das Zeug hält. Ich wende mich um, der Türwächter blinzelt mir vertraulich zu. Ich glaube, ich habe einen neuen Freund gefunden. Auf der Bühne wird gerade eine Götterfigur hereingetragen – eine prächtig geschminkte Frau, die den »Tod« darstellt, schält sich unter ihr hervor und beginnt zu tanzen. Jetzt tritt ein Jüngling in einem goldenen Kostüm auf, auch er mit wunderbar fantasievoller Maske. Theaterbilder, die mir bekannt vorkommen: Meine Abschiedsinszenierung war *»Ein Sommernachtstraum«* von William Shakespeare. Ich verwendete ähnliche Kostüme und Masken, wie diese

hier. Ich wollte meinen Zuschauern zum Abschied ein
Fest der Sinne bereiten. Es hat Mut gebraucht, diesen
wunderbaren Text nicht anders zu interpretieren, als ihn
in all seiner Schönheit und Opulenz zu belassen und auf
die Bühne zu bringen. Ein allerletztes Mal wollte ich das
Theater »anzünden« und die Zuschauer in eine ferne
Welt entführen. Mein Blick schärft wieder ins Jetzt: Der
Jüngling verneigt sich und beginnt einen wilden Tanz, in
dessen Verlauf er auf verschiedene mythologische Figuren trifft, die alle von seiner Partnerin dargestellt werden.
So viel ich verstehe, macht er sich über das Leben und das
Alter lustig, deshalb wird er vom Affengott *Hanuman*
bestraft. Das Finale bestreitet eine Gruppe von Schau-
spielern, die einen Tanz mit akrobatischen Einlagen aufführen, beleuchtet von Lampions, die sie in Händen halten. Ich bin verzaubert von so viel Anmut und Können.
Mein Freund am Eingang verabschiedet sich über-
schwänglich von mir und lädt mich für den morgigen Tag
zu einer weiteren Vorstellung ein. Dabei klopft er mir
freundschaftlich auf die Schulter. In der Kaiserstadt findet
man wirklich noch Partner fürs Leben.

Im Park füttere ich dicke goldene Fische, die mit jedem
neuen Bissen zu platzen drohen, dann fahre ich zurück
ins Hotel. Für den nächsten Tag checke ich ein Fahrrad,
für den übernächsten einen Motorradausflug, ich bestelle
den Bus nach *Hoi An*, den Flieger nach *Nha Trang* und
dann, dann sitze ich am *Parfümfluss* und genieße den
lauen Abend. Die untergehende Sonne spiegelt sich im
Wasser und taucht die *Kaiserstadt* in orangerotes Licht.
Ich wittere einen seltsamen Geruch. Der Fluss erweist

seinem Namen keine Ehre. Ich täusche mich nicht, der Gestank muss von einer nahen Abwasseraufbereitungsanlage kommen, über die ich im *Lonely Planet* gelesen habe. Zur Abwechslung trinke ich ein *Huda Beer,* nehme gezwungenermaßen noch ein Näschen voll Parfüm, lehne mich zurück, schließe die Augen, werde immer schwereloser, schwebe, steige hoch hinauf, bis in den Himmel über der *Purpurstadt*, tänzle auf der schönen runden Erdenkugel herum wie ein Zirkusartist und werde, während ich das Leben ein gutes sein lasse, vom Gestank des *Parfümflusses* so lange gequält, bis ich erwache … Das *Huda* ist nicht mehr so ganz frisch, ich belohne mich mit einem kühlen nächsten, gehe langsam zu meinem Hotel zurück, denke darüber nach, was Glück für mich bedeutet und komme zu dem Schluss, dass das Leben, trotz Geruchsattacke, es gerade ziemlich gut mit mir meint.

Allein mit mir (Hue, 5. September)

Heute ist Eröffnungs-Premiere in meinem ehemaligen Theater. Es fühlt sich seltsam an. Wie gut weiß ich Bescheid um die Abläufe eines solchen Tages. Nun bin ich eine halbe Welt davon entfernt. Eigentlich eine ganze. Jetzt, da ich dies niederschreibe, ist es in Wien acht Uhr morgens. Die Schauspieler erwachen nervös, von der Direktorin wohl ganz zu schweigen. In einem Reisebüro buche ich den Flug *Da Nang – Nha Trang.* Allein die Namen der beiden Städte jagen mir wohlige Fernweh-schauer über den Rücken. Das Fahrrad steht wie ausgemacht vor dem Hotel. Was mir auffällt: Ich werde unterwegs kaum angesprochen. Das Rad weist mich als Einheimischen aus. Ich radle die Hauptstraße am Fluss entlang und biege zum *Ho-Chi-Minh-Museum* ab. Zu wiederholtem Male bekomme ich die Geschichte des Landes erzählt, diesmal ohne englische Untertitel. Aber ich verstehe auch so. Das Gebäude ist rosarot gestrichen, innen sieht es weniger rosa aus. Ich fahre zum Bahnhof weiter. Noch sind es keine zwei Tage her, dass ich hier angekommen bin, und doch bin ich mit *Hue* bereits bestens vertraut. Ich setze mich auf eine Bank. Bahnhöfe sind Abschiedsorte. Überall ist es zugig, draußen wie drinnen. Den Menschen, denen ich flüchtig begegne, ordne ich Geschichten zu. Bevor ich im Weltschmerz zu versinken drohe, fahre ich zu einem Straßenrestaurant,

Flickschuster in
der Hang Dau Street,
Altes Viertel, Hanoi

Onkel Ho for ever!

Eine Vision
von atem-
beraubender
Schönheit:
die Ha-Long-
Bay

Fischerboote
vor den
schwimmen-
den Dörfern in
der Ha-Long-
Bay

Die Sonne
versinkt
über der
Insel Dao
Titop.

Jede Menge Kriegsschrott vor dem
Army Museum an der Dien Bien
Phu Street, Hanoi

»*Das springende Männchen*«,
Dinh Liet Street, Hanoi

Vier Männer im Jeep, Parade
am Unabhängigkeitstag in Hanoi

*»Kinderträume können
in den Himmel steigen«,*
Lenin Park, Hanoi

»In kleinen Kampfflugzeugen hockend, fliegen sie strahlend an ihren Eltern vorbei …«, Kinderkarussell vor dem Lenin Park, Hanoi

Markt in der alten Kaiserstadt Hue

Grabmal von
Kaiser Khai
Dinh in Chau-
Chu, nahe
Hue – Vietnams
vorletzter Kaiser

Paladine von
Kaiser Minh
Mang bewachen
sein Mausoleum
am Neumond-
teich. Einer der
Herren trägt den
Tagesrucksack
des Autors.

Unterwegs auf der 2301 km langen
Nationalstraße 1 (QL1A), am Golf
von Tonkin

»*Hier wird
das Glück im
Gänsemarsch
abgefertigt*«:
Brautpaare
am Wolken-
pass

»Les Fleurs du Mal« –
das Glück beginnt auf
einem Flak-Turm und
reicht bis hinauf zu
den Wolken.

Wo der Norden an den
Süden stößt: vietnamesische
Kriegsreste am China Beach,
Da Nang

Im Süden von Da Nang
stehen die Marmorberge.

Straßenszene in Hoi An

Banh Bao, die weiße
Rose von Hoi An

Hoi An bereitet sich auf
das Laternenfest vor.

Auf dem Thu-Bon-River in Hoi An

Hoi An ist ein
Feinschmeckerparadies!

das mir bei meiner kleinen Radtour auffiel. Ich sitze mit jungen Menschen an einem Tisch. *»Wie ich heiße…?*». *»Mike!«*. *»Han – !«*. Ich frage, was der Name bedeutet und sage höflichkeitshalber, dass er mir gefällt. Der junge Mann lacht. Ein Mädchen beugt sich zu ihm und flüstert ihm etwas ins Ohr. Er sagt: *»Sie findet, dass du hübsch aussiehst.«* Ich sage: *»Sie sieht auch hübsch aus.«* Ich bezahle und fahre weiter. Die jungen Leute winken mir nach – höflichkeitshalber. Ich fahre über die große Brücke zum Markt. Als ich das Rad abschließe, hält neben mir eine Rikscha. *»Let's go, Sir?«*. Ich verneine und deute auf mein Fahrrad. Wir stutzen beide. Es ist der Fahrer, der mich gestern im Nirgendwo aussteigen ließ. Mein Verhalten hat mich offensichtlich in seiner Achtung steigen lassen. Ich frage, ob *ich ihn* heute ein bisschen in der Stadt herumführen soll. Er lacht und wir schütteln einander die Hände wie alte Freunde, jedenfalls wie Kollegen.

Ich strample durch die Stadt. Es ist brütend heiß. Zum Glück ist *Hue* eine Gartenstadt und hat jede Menge schattiger Straßen. Ich »mache« zwei Museen und beschließe nun endgültig genug von der Revolution, vom Krieg und von Onkel Ho erfahren zu haben. Ich suche eine Pagode, die zum Symbol für die Auflehnung gegen die Besatzungsmächte wurde. Studenten hielten sie einige Tage lang besetzt, bevor die Sache blutig beendet wurde. Ich irre kreuz und quer durch das Stadtviertel, in dem die Pagode liegen soll. Ich kann sie nicht finden. Abbruch. Es ist zu heiß. Zu Hause lasse ich mich von der Klimaanlage verwöhnen. Über WLAN checke ich das Hotel in *Hoi An* und begebe mich, frisch gekühlt wieder nach draußen, zu einem kleinen abendlichen Snack. Heute werde ich nicht alt. Das Restaurant ist nett und liegt an einer hübschen Ecke. Die Küche grüßt mit zwei knusprigen, scharfen Frühlingsrollen. Dann gibt es wunderbaren Dim-Sum-Teig, gefüllt mit Hachée von Shrimps, eingeschlagen in ein Bananenblatt. Danach bestelle ich Huhn mit Zitronengras und reichlich Chili. Das Essen ist großartig. Diese Reise ist einzigartig. Ich genieße sie mit all meinen Sinnen. Obwohl ich alleine unterwegs bin, bin ich doch alles andere als einsam. Die Tage sind voller Abenteuer, bieten Ungewohntes und jede Menge spannender Begegnungen. Man muss sie nur sehen wollen. Ich bin völlig auf mich zurückgeworfen und genau das ist das Spannende. Eine schöne und aufregende Erfahrung. Ich fühle mich stark und mutig und jung. Ich bin alleine – mit mir. Das ist schön.

Die Grabmäler der Kaiser (Hue, 6. September)

Wenig geschlafen. Ich habe, zeitversetzt, den Life-Ticker eines Fußballspieles aus der Heimat mitverfolgt. Heute wartet ein neues spannendes Abenteuer auf mich: Eine Motorradfahrt über Land. Ich will die drei letzten Herrscher der *Ngyuen*-Dynastie besuchen, respektive das, was von ihnen übrig blieb. Es geht durch Dörfer, über Brücken, durch Wälder. Ich genieße den Fahrtwind. Mein junger Fahrer will's wissen. Wir brausen durch die Landschaft. Als inzwischen routinierter Motorrad-Beifahrer bin ich daran gewöhnt, Vertrauen zu haben. Die Grabstätten, die ich besuche sind eigentlich Grab-Städte, im wahrsten Sinne des Wortes: weitläufig und von verblüffender Schönheit, auf Hügeln oder in riesigen Parks. Zu Mittag machen wir Rast in einem kleinen Restaurant. Wir sprechen, worüber schon, über den Krieg. Sein Großvater hat auf »Seiten des Nordens« gekämpft. Ich verstehe nicht. *Hue* liegt südlich der damaligen »Entmilitarisierungszone«, er muss also auf Seiten der Amerikaner gewesen sein. Der Junge schüttelt den Kopf. »*Die Vietnamesen hatten nur einen Feind, die Amerikaner, nicht sich selbst. Das vietnamesische Volk hat geschlossen gegen Amerika gekämpft.*« Geschichtsunterricht eines Siebzehnjährigen anno 21. Jahrhundert im Hinterland von *Hue*. Die Wahrheit ist, dass der Süden im Windschatten der Amis gegen den feindlichen Norden kämpfte, weil sich dieser unter Führung von *Ho Chi Minh* gegen die jahr-zehntelange Kolonialisierung stellte und zum Kommunismus bekannte. Nachdem der Norden den beispiellos brutalen Krieg gewonnen hatte und die Amerikaner 1975 das Land verließen, haben unzählige Südvietnamesen als *Boat-People* ihr Heil in der Flucht gesucht. Viele wurden in »Umerziehungslager« gesteckt. Der Norden hat Gleiches mit Gleichem vergolten. Das ganze Land wurde kommunistisch, auch der bis dahin imperialistische, mit dem Westen kollaborierende Süden. Vielleicht mag man sich heute nicht mehr gerne daran erinnern. Auch Österreich bestand nach dem Krieg in der Mehrzahl aus Widerstandskämpfern. Wäre der Großvater dieses jungen Mannes als Südvietnamese auf Seiten des kommunistischen Vietkongs gestanden und hätte *gegen* die Amerikaner gekämpft, gäbe es den sympathischen jungen Kerl höchstwahrscheinlich nicht.

Die Grabstätten sind beeindruckend: Kaisers haben bereits zu Lebzeiten an ihr zukünftiges Leben gedacht, es sollte ihnen auch nach dem Tod an nichts mangeln. Jedes Mausoleum spiegelt den Charakter seines Erbauers wider. Über und über mit Gold und Edelsteinen geschmückt, sind die meisten aus Marmor. Das Entree ist immer eine Art Ehrenhof. Paladine, Soldaten und Elefanten halten die Ehrenwache. Dann betritt man ein Gebäude, in dem das Leben des Herrschers nachgestellt ist. Es folgen einige weitere Paläste, in denen die Mandarine »zu Hause« sind. Dann erst betritt man die eigentliche Grabkammer. Entweder ruht der Kaiser tief unterhalb eines prächtigen Monumentes oder er ist aus Furcht vor Plünderungen an unbekannter Stelle auf dem Areal begraben – sein gesamter Schatz ist in der Regel mit ihm bestattet worden. Nach dem Begräbnis wurden diejenigen, die ihn zu Grabe trugen, enthauptet. *Khai Dinh*, der vorletzte Kaiser, ist auf einem Hügel begraben, sein Mausoleum ist aus schwarzem Stein. Kaiser *Minh Mang* residiert in einer feudalen Anlage am *Neumondteich*. Kaiser *Tu Duc*, ein praktisch veranlagter Typ, hat seine Grabstätte inmitten eines wunderbaren Parks gemeinsam mit seinen hundertvier Frauen und Konkubinen bereits zu Lebzeiten bewohnt. Er war Dichter, Schöngeist und Lebefürst, aber nicht größer als hundertvierundfünfzig Zentimeter – seine steinerne Ehrengarde musste demgemäß in ebensolcher Dimension dargestellt werden. Der Thron in Kindergröße steht neben dem seiner Hauptfrau, der Kaiserin. In einem Gebäude, das als Theater diente, dürfen sich Touristen als Kaiser verkleiden und werden, auf dem winzigen Thron sitzend, zu Erinnerungszwecken abgelichtet. Wenn *Tu Duc* das wüsste! Ich spiele kurz mit dem Gedanken, belasse *Tu* aber dann doch seine Ehre. Die letzte Station meines Ausfluges ist die *Thien-Mu-Pagode* am *Parfümfluss*. Scharen von chinesischen Reisegruppen sind heute da. Hinter dem Gebäude steht ein kleiner, himmelblauer Austin in einer Garage. Mit diesem Auto ist 1963 in *Saigon* ein buddhistischer Mönch vor dem Präsidentenpalast vorgefahren, übergoss sich mit Benzin und protestierte als brennende Fackel gegen die Politik von Präsident *Ngo Dinh Diem*. Die Heldentat hat zahlreiche Nachahmer gefunden. Schockierende Fotos gingen um die Welt. Die berüchtigte Schwägerin des Präsidenten, *Madame Nhu,* bezeichnete die Selbstverbrennungen als »Grillpartys«, was die Stimmung gegen die amerikafreundliche Politik Südvietnams noch zusätzlich aufheizte.

In der Pagode beginnt gerade die Abendandacht. Scharen von jungen Buben nehmen daran teil. Die Novizen wohnen nebenan in einer Art Klosterschule. Hier studieren sie, hier essen, schlafen, leben sie – hier tollen sie herum. Sie tragen lange orangefarbige Gewänder, ihre Haare sind bis auf eine lange Strähne, die ihnen ins Gesicht fällt, abrasiert. Wir fahren zurück ins Hotel. Ich bin müde und freue mich auf eine Dusche. Nachricht von zu Hause: Die Premiere war ein durchschnittlicher Erfolg. Am Theater ist es so: Entweder sie heben dich in den Himmel oder sie verdammen dich. Mittelmaß ist Höchststrafe. Ich genieße nochmal ein schönes Abendessen: In *Hue* isst man deshalb so gut, weil die Herrscher allesamt berüchtigte Feinspitze waren und die besten Köche Vietnams zu sich befahlen. Es gibt, kulinarisch gesehen, nur eine ebenbürtige Stadt: *Hoi An*. Doch das steht in einem anderen Kapitel, im morgigen.

Von der Fahrt über die Wolken
(Hue – Hoi An, 7. September)

Der Bus steht bereit. Unsere kleine Reisegesellschaft besteht aus einem Fahrer, einer Touristin und mir. Wir machen uns auf die Reise nach *Hoi An*, angeblich eine der hübschesten Städte *Vietnams*. Der Bus ist bequem und bestens gekühlt. Der Abschied von den netten Damen des *Holiday Diamond* ist herzlich. Dreimal muss ich das Erinnerungsfoto wiederholen, immer »schläft« eine der Damen, wie sie es nennen. Unter großem Gelächter wird schließlich das letzte abgesegnet, alle anderen muss ich unter Aufsicht löschen. Im Hotelzimmer hatte ich ein nettes Abschiedsgeschenk entdeckt: Ein Wollknäuel, zehn Zentimeter im Durchmesser, schwarz und es hing an der Wand. Bei genauerer Betrachtung entpuppte es sich als Spinne. Ich brauchte einige Zeit, um das kleine Ungeheuer einzufangen. Mit einem umgestülpten Glas gelang es mir. Das Tierchen hatte Kraft, es schlug heftig an das darunter gehaltene Papier und – entkam. Ich musste all meine Wendigkeit einsetzen, um es wieder ins Glas zu bekommen. Diesmal war ich der Stärkere und beförderte es durch das geöffnete Fenster im Gleitflug in die Freiheit.

Der Busfahrer gibt Gas, wir kommen schnell voran. Die Touristin entpuppt sich als polyglotte Deutsche, deren Sohn in *Hanoi* lebt und arbeitet. Das Austauschen von Reiseerlebnissen ist eine schöne Abwechslung zu den langen Selbstgesprächen, die ich bis jetzt führte. An einem endlos weißen Sandstrand machen wir Halt. Ich stakse durch das warme, türkisfarbene Wasser. Südseetraum. Weit und breit ist kein Mensch zu sehen. Doch: Die deutsche Kollegin. Angeblich kommen keine Touristen hierher, weil es keine Infrastruktur gibt. Auch das überdimensionierte Hotelressort steht leer. Ich sollte bald erfahren, weshalb. Eine kurvige Straße führt hinauf zum *Wolkenpass*. Er bildet die natürliche Grenze und Wetterscheide zwischen Nord- und Südvietnam. Vom höchsten Punkt aus bietet sich ein betörend schöner Panoramablick über das *Südchinesische Meer* im Süden und den *Golf von Tonkin* im Norden, von *Da Nang* über die Halbinsel *Son Tra*. Oft ist der Pass in Wolken (*sic!*) gehüllt. Wir haben Glück, heute zeigen sich nur wenige. Seit neuestem führt ein Tunnel quer durch den *Truong-Son,* so heißt der Ausläufer des kleinen Gebirges, aber wir wählen die alte Panoramastraße. Der Fahrer will uns offensichtlich die hübsche Landschaft nicht vorenthalten. Jetzt wird mir auch klar, weshalb die Südseeidylle von Fremden gemieden wird. Es liegt nicht an der »fehlenden Infrastruktur«, das riesige Brachland, die verkohlten Wälder und Bäume, die als versteinerte Zeugen eines furchtbaren Krieges hier überall herumstehen, sind der Grund. Das Gebiet war besonders umkämpft. Vierhunderttausend Tonnen Agent Orange kippten die Amerikaner aus ihren Bombern auf das geschundene Land, viele davon genau hier. Das Gift diente dazu riesige Gebiete von Wäldern zu entlauben und Nutzpflanzen zu zerstören, von den Menschen ganz zu schweigen. Die Wolken, die aus dem Norden von der *Entmilitarisierten Zone* in Richtung *Da Nang* ziehen, sammeln sich hier. Der Berg ist nicht höher als fünfhundert Meter, aber das genügt um in Vietnam Wolken aufzuhalten. Oben auf dem Pass hält der Bus vor einer Handvoll Andenkenläden. Mit dem Tod lässt sich prächtig Kohle machen. Der *Wolkenpass* ist ein beliebtes Ausflugsziel. Reste von Bunkern, Flak-Türmen und Abwehranlagen stehen hier noch immer herum und werden von vietnamesischen Schlachtenbummlern fachmännisch begutachtet. Für die Amis hatte der Pass strategische Bedeutung.

An eine der Betonrampen, auf der einst schweres Geschütz positioniert war, ist eine Leiter gelehnt. Eine Braut ist gerade dabei das schmale Plateau zu besteigen. Bräutigam und Fotograf helfen ihr dabei: Kein leichtes Unterfangen, ihr langes Hochzeitskleid wird arg vom Wind zerzaust. In ihr Haar ist eine Kamelie eingeflochten. Dann klettert auch der Bräutigam hinauf. Der Fotograf hat inzwischen ein gegenüberliegendes Podest erklommen und dokumentiert den glücklichen Tag für die zu erwartende Nachkommenschaft. Glücklich winken die beiden in die Kamera. Hinter ihnen ziehen ein paar Schönwetterwolken auf. Es ist, als ob das Hochzeitspaar an den Himmel stößt: Makabrer Hintersinn einer sinistren Location. Man denkt unwillkürlich an Charles Baudelaires Gedichtzyklus *Les Fleurs du Mal*. Die Blume im Haar der Braut als Symbol von Schönheit und Geburt konnotiert den geschichtlichen Hintergrund des Ortes aus Grausamkeit und Tod. Am Fuß des Betonsockels warten schon die nächsten Paare. Hier wird das Glück im Gänsemarsch abgefertigt. Die Schrecken des Krieges scheinen die junge Generation nicht mehr zu beschäftigen, eher schon die möglichen Schrecken der Ehe.

Wir verlassen das Wolkenkuckucksheim und fahren über steile Serpentinen hinunter in Richtung *China Beach.* Auch dieser Name ist mir ein Begriff. Hier haben sich die GIs von den Kämpfen erholt. Die Illustrierten waren damals voll mit Fotos Bier saufender Marines, die ihren Strandurlaub genießen. In den Armen hielten sie ihre Trophäen: Blutjunge Viet-Girls. *Da Nang* liegt am Fuße der *Marmorberge,* schroffe Bergkegel aus denen früher Marmor gebrochen wurde, mit Pagoden auf ihren Gipfeln. In unzähligen Souvenirläden wird Ramsch verkauft. Die kitschigen Skulpturen haben eine weite Reise hinter sich: Sie werden in China gefertigt – bei der Menge des Angebotes würde hier schon lange kein Berg mehr stehen. Mit einem Aufzug werden wir auf eine der Anhöhen gehoben, hinunter müssen wir zu Fuß gehen. Zahllose chinesische Tempel und Pagoden stehen hier oben herum. Aus dem Marmor wurden spektakuläre Höhlenschreine herausgebrochen. Eine Stunde haben wir Zeit alles zu besichtigen. Das langt natürlich nicht, man bräuchte einen ganzen Tag dafür. Ich sitze unter einem riesigen Baum und mein Blick streift über einen malerischen Schrein. An eben diesen Blick sollte ich mich noch erinnern.

Bald erreichen wir *Hoi An.* Es ist Liebe auf den ersten Blick. In einer kleinen Seitengasse, neben schmucken, niederen Holzhäuschen steht mein Hotel. Die Empfangsdame strahlt mich an. Auf Grund eines unglücklichen Zufalls ist die Zimmerkategorie die ich bestellt hatte, ausgebucht. Ich werde, ob ich will oder nicht, upgegradet – in die Luxusklasse. Ich strahle zurück und beziehe die Königssuite, privates Pool inklusive. Wie herrlich für den Weltensammler, der sich seit zwei Wochen durch subtropisches Klima schwitzt. Kurz danach, der Schreck! Ich vermisse meine Fernbrille. Die Lesebrille hätte ich lieber geopfert, ich habe Ersatz dabei. Aber all die Schönheiten des Landes nicht erkennen zu können geht gar nicht. Ich wühle in meinen Sachen. Nichts. Ich könnte schwören, dass ich die Brille bei Betreten des Hotels noch auf der Nase hatte. Die Dame an der Rezeption telefoniert mit der Reisegesellschaft – im Bus liegt sie nicht. Wir kontrollieren das Überwachungsvideo des Hotels: Ein fescher, junger Mann betritt, mein Gepäck auf seinem Rücken, meinen Pass in seiner Hand, die Lobby. Im Gesicht – keine Brille. Per Moped werde ich zu einem Optiker gebracht. Morgen soll die neue Brille fertig sein. Plötzlich weiß ich, was ich zuletzt gesehen habe: Den malerischen Schrein auf dem *Marmorberg*. Dort also liegt sie, meine Opfergabe, für immer. Das Schicksal gönnt ihr einen schönen, ewigen Blick. Seltsam, jetzt, da ich *weiß* keine Brille aufzuhaben, nehme ich alles verschwommener wahr, als vorher, da ich meine Brille noch gar nicht vermisste … Ich tapse zurück zum Hotel. Unterwegs entziffere ich: »Massage«. Ich schließe die Augen und lasse mich verwöhnen. Am Abend esse ich in einem vegetarischen Lokal. Soviel ich erkennen kann, bestehen die Wände ausschließlich aus Bücherregalen. Inmitten von

Büchern esse ich also Gemüse. Ich taste nach einem Buch und schlage es auf: Die Schriftzeichen sind wunderschön. Das Essen inmitten rätselhafter Zeichen ist ein Genuss, so sehr, dass, nach einigen Bierchen, die Welt endgültig vor meinen Augen zu verschwimmen beginnt.

Die weiße Rose (Hoi An, 8. September)

Die Sonne versinkt im *Thu Bon River* und breitet über *Hoi An* einen zarten rötlichen Schleier. Diese Tageszeit liebe ich. Samtweich legt sich die Tropennacht über die Welt und entlässt uns in schöne Träume. Neben mir liegt das *Traditional Art Performance House* an der *Bach Dang Ho,* wo ich mir eine Vorstellung traditioneller Tänze und Musik ansehen möchte. Ich lasse den Tag an mir vorüberziehen. Dieses zauberhafte Städtchen stellt alles, was ich bisher sah in den Schatten. Es beginnt damit, dass aus Lautsprechern, die überall an Strommasten montiert sind, traditionell vietnamesische, aber auch klassische europäische Musik zu hören ist. Die Holzhäuser sind zum Teil winzig klein. Wunderhübsch anzusehen sind sie alle. Und vor allem: Sie sind alt. Die Stadt wurde von den Zerstörungen des Krieges verschont. *Hoi An* sieht aus, wie es immer schon ausgesehen hat. Ich fühle mich wie auf einer Zeitreise. Zurückgescrollt um Jahrhunderte, durchstreife ich Gassen, Wege, Plätze und bin wie verzaubert: Dicht an dicht stehen Tempel, Pagoden, chinesische Versammlungsstätten, Museen und Privathäuser. Einige davon darf man auch besichtigen. Zaghaft betrete ich eines. Drinnen ist es düster, die Zimmer kahl, kaum eingerichtet, das Leben spielt sich auf dem Boden ab. Eine alte Frau liegt reglos auf einer Matte und beobachtet mich. Ich lächle verlegen, weiß nicht, ob ich mich meines

Eindringens wegen entschuldigen soll, überlege einen kleinen Geldbetrag vor sie auf den Boden zu legen, unterlasse es aber und ziehe mich diskret zurück. Beim Ausgang ist mir, als winkt mir die Alte zu, ich vermeine ein Lächeln zu erkennen. Irritiert will ich nach draußen, als ich eine Hand auf meinem Arm spüre. Ein Mädchen stellt sich als die Tochter des Hauses vor. Sie steht neben einem Glaskasten, den ich erst jetzt im Halbdunkel erkenne. In ihm liegt jede Menge an Souvenirkram. Also doch: Omi als Lockvogel und Enkel kassiert. Das Mädchen drängt mir eine Tasse Tee als Abschiedsgeschenk auf, ich kann nicht ablehnen und kaufe als Entschädigung für den netten Besuch bei ihr Zuhause eine Packung grünen Tee aus *Darjeeling*. Der Besuch selbst in ihrem Haus war natürlich gratis …

Am Fluss liegen Ausflugsboote. Ich chartere eines und lasse mich flussaufwärts schippern, um eine kleine Insel herum und dann wieder zurück. Das Flussleben ist in vollem Gange. Auch am Markt, wo ich ein herrliches Essen zu mir nehme, ist viel los. Ich bestelle Sojasprossen und Shrimps, in Reispapier eingepackt, gewürzt mit Fischsauce und reichlich Chili. Gegenüber liegt das *Kulturhaus*. Ich komme gerade zu einer Performance klassischer Tanzkunst zurecht. Der Saal ist mit Touristen gut gefüllt. Na schön. Ich bin ja auch einer. Die Musiker beginnen zu spielen, Mädchen bewegen sich anmutig, eine Sängerin singt mit sehr hoher Stimme. Am Schluss werden wir alle animiert im Takt zu klatschen. Das dann doch nicht! Ich flüchte. Von draußen höre ich, dass die Amis begeistert zu dem alten vietnamesischen Lied »*It's a long way to Tipperary*« in die Hände paschen. Fürs Erste rette ich mich ins Hotel und genieße die weihevolle Stille meiner Königssuite. Die Mittagshitze ist mörderisch. Ich genieße den herrlichen Pool, danach überlasse ich mich der Fürsorge meiner zeitweiligen Geliebten: der Klima-anlage. Am Nachmittag mache ich mich über die Planung der nächsten Wochen her und buche diverse Inlandflüge. Die Distanzen sind groß, ich möchte nicht unnötig Zeit verlieren. Gegen Abend streife ich durch die Gassen von *Hoi An.* Ich finde mich bereits bestens zurecht. Wie schnell das geht, wenn man nichts anderes zu tun hat, als die Welt mit offenen Augen zu betrachten. Da fällt mir ein …

Die Optikerin lacht mir schon von Weitem zu. Strah-lend überreicht sie mir ihr Werk. Ich probiere die neue Brille. Ich bin nicht begeistert. Sie schon. Sie klatscht aus-gelassen in die Hände und ich verneige mich würdevoll. Sie fragt, wie lange ich in *Hoi An* bleiben werde. Draußen auf der Straße braust ein junger Mann auf seinem Motor-rad heran, am Rücksitz sitzt ein kleines Kind. »*Zwei Tage*«, sage ich. Sie lächelt mich an. Erst jetzt bemerke ich ihren schönen Silberblick – kein Wunder, mit der neuen Brille. Ich weiß nicht ganz, in welches ihrer Augen ich bli-cken soll, und bevor ich mich noch in ihnen verliere, betritt der Mann mit dem Kind den Laden. Wir dreiein-halb sehen einander an, keiner weiß was er sagen soll, sicherheitshalber deute ich auf meine Brille und da uns nichts Besseres einfällt, lachen wir eine Runde. Dann ver-abschiede ich mich aus der Welt des Sehens, mit der Erkenntnis, dass es oft nur eines Augen-Blickes bedarf,

am besten durch eine neue Brille, um eine Situation einigermaßen klar sehen zu können. Auf dem Rückweg ins
Hotel komme ich an einem kleinen Restaurant vorbei.
Auf der Speisekarte steht genau eine Speise: *Banh Bao*,
genannt »*White Roses*«. Es sind kleine mit Garnelen
gefüllte Ravioli, angeordnet in Form einer Rose. Das
Familienrezept wird hier als »Franchise-Spezialität« hergestellt und landesweit verkauft. Die *Weiße Rose* gibt
optisch mindestens so viel her, wie sie überirdisch
schmeckt.

Im Dschungel von My Son
(Hoi An, 9. September)

Ich genieße jede Sekunde dieser herrlichen Reise: Ich darf mir ein Land ansehen, voll von Geheimnissen und wunderbaren Begegnungen. Ein Land, das sich nach einem furchtbaren Krieg aufgerichtet hat, um selbstbewusst und stark seine Identität zu behaupten. Um halb acht holt mich ein Hotelboy mit seiner Maschine ab. Ich möchte eine im Dschungel versunkene Stadt besuchen: *My Son*. Die Nacht war kurz. Eine Nachricht aus der Heimat hat mich geweckt. Zum Glück: Ich komme gerade noch zum Live-Ticker des entscheidenden Fußballmatches gegen Schweden zurecht. Es geht um die Qualifikation zur Europameisterschaft. Österreich hat gute Chancen, muss aber aus diesem Spiel zumindest einen Punkt holen. Drei sind es geworden, wir sind dabei! In meinem Pool feiere ich bis zum Morgen, mit von der Partie alle meine Freunde: Wasserläufer, Geckos, bunte Vögel und jede Menge Libellen. Ich schwinge mich also wieder mal auf den Sozius, kurzer Tankstopp und los geht's: Hinaus aus der Stadt, über Landstraßen, durch Dörfer. Die Reisernte wird dreimal im Jahr eingebracht, so auch jetzt: Männer, Frauen und Kinder stehen in den Wasserfeldern und schneiden die grünen Halme von Hand ab. Überall auf den Straßen das gleiche Bild: Auf den Fahrbahnen liegen Tonnen von Reiskörnern zum Trocknen. Das Innere, der weiße Reis, wird erst später von seiner Schale getrennt.

Immer wieder müssen wir großflächig ausweichen. Aber nicht nur wir, auch der Gegenverkehr, so wird die Reise zu einem nicht ungefährlichen, holprigen Riesenslalom. Die Reiskörner werden durch die vorbeifahrenden Fahrzeuge aufgewirbelt und machen nicht nur den Straßenbelag unsicher, sondern trüben auch die Sicht. Wasserbüffel, Entenschwärme und – Mopeds. Überall das gleiche Bild. Jeder Einwohner dieses Landes scheint zumindest ein solches Gefährt zu besitzen und damit auch zu fahren. Wie es scheint, tun dies immer alle gleichzeitig. Nach einer Stunde sind wir am Ziel. Eine breite, feuerrote Erdstraße führt hinein in den Dschungel von *My Son*. Es ist subtropisch heiß. Aus einem Gebäude höre ich vertraute Musik: Zimbeln und Tröten. Ich spähe ins Innere. Ein Mädchen bewegt sich wie schwerelos über die kleine Tanzfläche und verbiegt ihren schlanken Körper als wäre er aus Gummi. Woran erinnert mich diese kleine Szene. Ein Kind tanzt zum Song »Moon River«, den Henry Mancini für den Film »*Frühstück bei Tiffany*« komponierte …

Vor Jahren habe ich ein wunderbares Theaterstück produziert: »Die Reise«. Menschen erzählen von ihrer Reise nach Wien. Es handelte sich in der Mehrzahl um »Flucht-Geschichten«, die sich die Regisseurin Jacqueline Kornmüller von Betroffenen jeglichen Alters erzählen ließ und diese dann mit ihnen auf die Bühne brachte. Eine der Geschichten war die Schilderung einer jungen Mexikanerin über ihre schwierige Kindheit. Das junge Wesen schwebte über die leere Bühne des Volkstheaters. Ich war bei jeder Show anwesend, stand in meiner Bühnenloge und war Abend für Abend aufs Neue zu Tränen gerührt über die Schönheit ihres Tanzes. Viele Jahre danach stehe ich im Dschungel von *My Son* und sehe ein ähnlich engelhaftes Wesen, das mit berührendem Ernst die ewig gleiche Geschichte erzählt: Die Überwindung von Schmerz und Trauer mithilfe der Wahrhaftigkeit von Kunst. Die Kleine hätte sich keinen passenderen Ort aussuchen können. *My Son* war ab dem achten Jahrhundert nach Christus *das* religiöse Zentrum des Königreiches der *Cham*, eine auch heute noch als Minderheit in Vietnam lebende Ethnie. Die *Cham* kamen aus *Kambodscha* und siedelten sich hier an. Heute ist die einstige Königsstadt eine traurige Veranstaltung. Von hunderten Pagoden und Palästen sind nicht mehr als siebzig erhalten. Die Amerikaner haben das ihre dazu beigetragen. Da sich der Vietkong in den dichten Wäldern der Umgebung versteckt hielt, bombardierten Kampfhubschrauber der *Air Force* das Gebiet flächendeckend. Bodentruppen besorgten den Rest. Das Gelände ist heute noch übersät von Bombenkratern. Ein bekannter Archäologe hat Ende der Sechziger-Jahre mit einem Alarm schlagenden Anruf im *Weißen Haus* Präsident *Nixon* zum Abbruch der Operation und damit zur Rettung der verbleibenden Kulturschätze bewegen können. Wenn man an die weltweit verurteilten Zerstörungen der *Tempelanlagen* von *Palmyra* durch den IS denkt – soweit waren die Amis damals nicht davon entfernt. Ich versuche mir das königliche, spirituelle Leben in dieser grandiosen Dschungellandschaft am Fuße des *Katzenzahnberges* vorzustellen: Üppige Wälder, sprudelnde Bäche umgeben noch heute die eindrucksvolle Anlage. Ich kann nicht widerstehen, zwei kleine Ziegelbruchstücke von einem dem achten Jahrhundert zugeschriebenen Tempel in meiner Tasche verschwinden zu lassen – beide sind mehr als zwölfhundert Jahre alt. Schlechten Gewissens erfrische ich mich im nahen Bachbett. Eine Horde von Schulkindern tut desgleichen. Es ist unfassbar heiß und schwül. Nach mehr als zwei Stunden gehe ich zum ausgemachten Treffpunkt zurück. Was jetzt folgt, ist die schönste Belohnung für die Strapazen dieses Ausfluges: Die Air Condition eines dahinbrausenden Bikes. Zurück im Hotel bin ich trocken geföhnt und wieder fit: Für heute Nachmittag habe ich noch einen kleinen Trip geplant. Mit dem Fahrrad strample ich in Richtung Meer. Ich vergaß nach dem Weg zu fragen, aber jetzt erinnere ich mich – als ich per Bus aus *Da Nang* hier ankam, radelten uns viele Einheimische mit Badesachen auf den Gepäckträgern entgegen. Nach einiger Zeit stoße ich auf einen weißen, endlos langen Sandstrand. Die Farbe des Wassers ist perfekt, die Palmen sind über und über mit Kokosnüssen bedeckt, weit und breit kaum Menschen. Das Meer hat dieselbe Temperatur wie die Luft, dennoch genieße ich das Bad. Ich lege mich in die Abendsonne, kaufe einer Frau eine Kokosnuss ab und schlürfe die herrliche, von der Sonne gewärmte Milch. Ein göttliches Geschenk der Natur. Nach einer neuerlichen Erfrischung im Meer trete ich die Rückfahrt an, vorbei an Wasserbüffeln und Reisfeldern. Keine Sekunde zu früh: Die tropische Nacht legt sich behutsam über die Welt.

Nach zwei gut gekühlten Flaschen *Bia Saigon* bummle ich durch das von unzähligen Lampions beleuchtete *Hoi*

An. Heute ist Laternenfest. Es ist, als ob ich durch ein Märchen spazierte. Die Brücken sind mit beleuchteten Skulpturen geschmückt. Kinder setzen Schiffchen aus Papier, in die sie brennende Kerzen stellen, auf das Wasser und lassen sie flussabwärts schwimmen. Dabei darf man sich etwas Schönes ausdenken. Mit ein bisschen Glück erfüllt sich der Wunsch sogar. Andere lassen Drachen steigen. Die filigranen Gebilde werden durch die Wärme der in ihnen verborgenen Kerzen hoch in den Himmel gehoben. Irgendwo verglühen sie und fallen auf die Welt zurück. Dort wo sie landen geht ein anderer Kinderwunsch in Erfüllung. Ich sitze in der Nähe der *Japanischen Brücke,* einem der Wahrzeichen der Stadt und betrachte das Treiben um mich herum. Eine junge Frau verschenkt Glück in Form von Schrifttäfelchen, auf denen Liedtexte geschrieben stehen. Später wird sie sie den Menschen vorsingen. An einem Stand bietet eine winzig kleine Frau ebensolche Miniaturarbeiten aus Papier an. Ein gelb gewandeter Mann mit spitzem Hut versucht Kinder durch lustige Grimassen zum Lachen zu bringen. Glücksvögel aus Papier fliegen flügelschlagend, laut schnarrend über die Köpfe der Umstehenden. Ein paar Mädchen schießen Selfies, mit Cola-Dosen in Händen – vielleicht bringt auch das Glück. Jetzt beginnt eine kleine Vorstellung: Trommeln, Saiteninstrumente. Die junge Frau singt. Zuseher halten ihre Täfelchen hoch, darauf stehen ihre persönlichen Glückstexte. Der gelbe Spaßmacher schlägt, mit gelben Fähnchen in der Hand, den Takt. Manchmal hebt einer der glücksbeschenkten Zuhörer ein Täfelchen hoch, dann darf er die nächste Zeile selbst singen und erhält zur Belohnung eines der Fähnchen. Auf meinem Schoß landet plötzlich eine junge Frau, die sich von Freunden fotografieren lässt. Als sie sich umdreht und mir ins Gesicht sieht, schnellt sie erschrocken hoch und bekommt einen Lachanfall, der auf uns alle übergreift. Lachen ist ansteckend und wenn schon so viel Glück ringsum verteilt wird, wird man doch auch einen kleinen Anteil abhaben dürfen. In einem nahen Lokal bestelle ich *Cuba Libre* und trinke auf das Glück all der Brüder und Schwestern jenes schönen, im Geiste verwandten Landes in Mittelamerika, das dem Kapitalismus so lange widerstand. *Vietnam* hat den Turnaround bereits geschafft: Für das Getränk bezahle ich ein kleines Vermögen. Ich lege das Geld auf den Tisch und denke: Glück ist, wenn das Glück ringsum auch bedeutend günstiger zu haben ist.

Happiness and Beauty
(Hoi An, 10. September)

Heute möchte ich nochmal gründlich die Umgebung erkunden – per Rad. Morgen werde ich abreisen. Mein Weg führt mich über eine breite Ausfahrtsstraße, die die West-Ost-Achse bildet, hinaus aus der Stadt. Ein Motorrad verlangsamt seine Fahrt und fährt eine Zeit lang neben mir her. Der Mann spricht auf mich ein, während er religiöse Gegenstände hochhält. Will er mir etwas verkaufen oder mich bekehren? Er quasselt unaufhörlich. Ich schüttle den Kopf und antworte (auf Deutsch), dass ich an seinem Angebot nicht interessiert bin. Er strahlt mich an, ich strahle zurück und trete kräftig in die Pedale, um ihn abzuschütteln. An der nächsten Ecke biege ich scharf nach rechts ab. Kurze Zeit später kommt er mir lachend aus der Gegenrichtung entgegen, kehrt um und landet wieder neben mir. Jetzt singt er aus voller Kehle ein Kirchenlied. Ich radle unter lauten »Halleluja«-Rufen durch die Vorstadt von *Hoi An*. Die Menschen am Straßenrand schütteln verwundert die Köpfe, manche lachen. Ich überlege wie ich meine bigotte Garde loswerden könnte. Dabei kommt mir ein absurder Zufall zu Hilfe. Zu wiederholtem Male fragt mich mein Begleiter um meinen Namen. Ich nehme mir ein Herz und schleudere ihm ein »*Go away, you!*« entgegen. Glücklicher hätte ich ihn nicht machen können. Er brüllt »*Goawayyou! Goawayyou!*« und verschwindet in der nächsten Seitengasse. Offensichtlich hat er meine rüde Ansage als Vornamen missverstanden. Mehr wollte er ja nicht wissen. Manchmal sind die Menschen leichter zufrieden zu stellen, als man denkt. Ich fahre an einem Flüsschen entlang und ruhe mich im Schatten von Palmen aus. Dann geht es zurück zur Hauptstraße, vorbei an hübschen Villen und Gärten. Wer steht da, eine Hand zu militärischem Gruß an die Schläfe haltend, mit der anderen ein Fähnchen schwenkend? *Mr. Bean* von *Hoi An*, mein Freund von vorhin! Schon von Weitem ruft er mir entgegen: »*Goawayyou! Goawayyou!*«. Das Wissen um meinen Namen scheint auch ihm Glück gebracht zu haben, die Bekanntschaft könnte halten. Sie tat es nicht, ich habe ihn nicht wieder gesehen.

Ich gelange an einen Strand. Es ist derselbe wie gestern Abend, nur ein paar Kilometer weiter südlich. Das Ufer ist hier mit Sandsäcken befestigt, das Meer holt sich sein Terrain zurück. Ein junger Mann kommt aus dem Wasser. Ich sah ihn weit draußen schwimmen und er ist mir aufgefallen, weil er sein Haar zu einem neckischen Knötchen zusammengebunden trägt. Eine Frau will mir eine Liege vermieten, ich lehne ab. Inzwischen ist der junge Mann am Ufer und wendet sich an sie, während er auf mich deutet: »*Seems like an austrian actor*«. Damit wirft er sich auf seine Liege. Ich erstarre. Reicht der lange Arm meiner Vergangenheit bis hierher, ins Niemandsland von Zentralvietnam? Der Punkt geht an ihn. Ich kehre um und sehe gerade noch, wie der Kerl etwas in sein Handy tippt. Schickt er eine SMS in die Heimat? Weshalb hat er nicht Deutsch gesprochen? Ist er einer meiner Kritikerfreunde, die mich oft in Ratlosigkeit versetzten? Irgendwann habe ich mich entschlossen, ihre Expertisen mit Humor zu nehmen. Nicht weit davon setze ich mich auf ein Kinderstühlchen (diesmal ist es ein gelbes), das zu einem Strandlokal gehört. Ein Knall. Auf dem Stuhl neben mir landet eine Kokosnuss. Ich blicke auf und sehe in ein Gesicht, das aus der Krone der Palme neben mir herunter lacht. Der Kellner kümmert sich um die Bestellungen. Oder ist es ein hiesiger Kritiker? Es folgen weitere Nüsse. Ich nehme auch das mit Humor und – gehe. Am Nachmittag setze ich meine Erkundungstour fort. Auf dem Markt mache ich Halt und suche meine neue Lieblingsfrucht. Die *Mangostane* ist violett und groß wie ein Tennisball. Man knackt sie auf, in ihrem Inneren befindet sich saftiges, süß-säuerliches Fruchtfleisch. Ich kaufe ein Kilo davon und verputze die Dinger an Ort und Stelle. Nebenan liegt das *Museum of Folk Culture*. Es ist schweineheiß, ich suche nach Abkühlung. Das Haus besteht aus dunklem Holz und ist um einen hübschen Innenhof angelegt. Ich brauche jetzt einen Ventilator – und werde nicht enttäuscht. Das Requisit gehört hier zur Alltagskultur. Eine junge Frau gesellt sich zu mir und serviert grünen Tee. Sie weiß, wie man ins Gespräch kommt, und erklärt mir seine kühlende Wirkung. Ich werde das nie verstehen, ein kaltes Bierchen wäre mir lieber. Derzeit aber will ich mich mit der kühlenden Wirkung der Technik begnügen. Die Frau nützt die Gunst des Moments und verstrickt mich in ein Gespräch über Kaligrafie. Darüber weiß ich genau nichts. Es sollte sich ändern. Kaum bin ich einigermaßen wieder hergestellt, bittet sie nach nebenan, um mich in ihr eigentliches Gewerbe einzuführen. Sie ist Kunststudentin und ihr Professor hat eine ganze Serie von hübschen Bildern in altvietnamesischer Schrift gemalt. Beiläufig richtet sie den großen Deckenventilator in meine Richtung und hält mir eine Vorlesung über die Schönheit alter Schriften. Tatsächlich, je länger ich den himmlischen Luftzug genießen darf, desto mehr Gefallen finde an den Schriftbildern. Für den allfälligen Transport schlägt sie schon mal eine praktikable Lösung vor. Es ist zu spät, ich sitze in der Falle. In aller Ruhe lasse ich mich trocken föhnen und entscheide mich für ein Bild, das mir gefällt: »*Happiness*«. Ich finde, es passt wunderbar zu meinem neuen Leben. Bevor wir um den Preis verhandeln, packt sie vorsichtshalber noch ein zweites Bild dazu: »*Beauty*«. Die Frau versteht ihr Geschäft. Ja, wir sind beide glücklich und schön und ich begreife endgültig: Wenn du dein Glück findest, halte es fest – auch wenn es in einer kleinen, roten Pappendeckelrolle steckt.

Ich schreibe diese Zeilen in einem netten Uferlokal, an einem Nebenarm des *Thu-Bon-River*. Unter meinem Tisch verfolgt ein Gockel seine auserwählte Henne mit all der Liebe zu der er fähig ist. Ein Ausflugsboot spuckt eine Ladung japanischer Touristen in Trainingsanzügen an Land. Der Trip ist bestens organisiert. Eine Formation von Rikscha-Fahrern hat sich bereits in Stellung gebracht. Kurze Zeit später hockt eine geballte Armada von Geishas und ihren Freiern in ihren Rollstuhlartigen Gefährten und wartet auf den Abtransport, als ginge es zum frühen Abendessen ins Künstlerheim zu Tante Lotte. Der Chronist zückt seine Kamera. In langem Konvoi startet die fernöstliche Fracht in Richtung Innenstadt. Die Radieschen-Köpfe lachen und winken fröhlich zum Abschied.

Die Russen kommen!
(Hoi An – Nha Trang, 11. September)

Zeitig in der Früh, in der kleinen Gasse vor meinem Hotel: Geschäftsleute fegen ihre kleinen Läden, Kinder werden für die Schule zurecht gezupft, Omis eilen mit Einkaufskörben geschäftig auf und ab, Opis setzen ihre Vorgärtchen unter Wasser, Väter und Mütter schwingen sich auf ihre Mopeds und fahren zur Arbeit. Das Leben in Vietnam spielt sich hauptsächlich auf der Straße ab. Es wird gekocht, gegessen, gespielt, geschlafen und geliebt. Auch ich bin ein Teil davon. Ich sitze am Gehsteig und frühstücke. Der Abschied von *Hoi An* fällt mir schwer. In dieser Stadt habe ich nicht nur wieder zu sehen gelernt, sie hat mich auch gelehrt, wie man Glück buchstabiert. Der Bus fährt vor. Mein Motorrad-Guide, dem ich unvergessliche Stunden im Dschungel von *My Son* verdanke, nimmt mich zum Abschied in den Arm.

Der Flughafen von *Da Nang* strahlt die übliche Kälte aus, die Security Checks sind wie gewohnt feindselig, die Gates haben den Charme einer Five-Stars-Gefriertruhe. Ein Flug nach *Hanoi* wird zu wiederholtem Male aufgerufen. Die übliche weibliche Stimme schnarrt. Ich schieße ein paar Erinnerungsfotos und vergesse völlig, dass man hierzulande dafür verhaftet werden kann. Die Vietnam Airlines steht zum Einsteigen bereit. Der Unterschied zur transkontinentalen Maschine: Diese hier ist piekfein, hat Ledersitze und wirklich neu. Die beiden Sitze neben mir bleiben frei. Eine alte Vietnamesin fragt, ob ich die Plätze benötige. Als Antwort strecke ich mich auf den freien Plätzen aus. Man lernt dazu. Kaum setze ich den von mir versäumten Frühschlaf fort, beginnt auch schon der Landeanflug auf *Nha Trang*. Unter mir der endlos lange Sandstrand. Die Maschine setzt butterweich auf. Ich nehme die günstigste Variante, den Airport Shuttle ins Zentrum, ich habe ja Zeit. In der Maschine sitzt ein Paar, das mir im Hotel in *Hoi An* auffiel. Da wir uns aber dort schon »nicht sahen« behalten wir das auch hier bei und blicken weiterhin aneinander vorbei. Unnötig zu sagen, wer im Shuttle unmittelbar vor mir sitzt: die beiden. In der Stadt angekommen, nehme ich ein Taxi. Das Paar geht zu Fuß. Wir verabschieden uns nicht, wir haben uns ja auch nicht begrüßt. Das Hotel liegt zentral. Ich checke ein. Da das Zimmer noch nicht bereit ist, muss ich ein wenig warten. Dann ist es soweit. Ich reiche dem Mann an der Rezeption meinen Pass. Wer steht neben mir? Das Paar aus *Hoi An*. Die beiden sprechen Russisch und – man versteht sie. Ich beziehe ein fensterloses Zimmer und fliehe an den Strand. Alle Werbetafeln und Hinweisschilder auf den Straßen, die Speisekarten vor den Restaurants, Aufschriften im Supermarkt, alles: russisch. *Mallorca* den Deutschen, *Jesolo* den Österreichern, *Na Thrang* den Russen! Der große Gesinnungsbruder aus alten Zeiten. Im Hotellift begegne ich zwei jungen Männern aus England, sie flüstern verschwörerisch: »*Is'nt it crazy? We're in Russia!*«. Ich gehe den russischen Strand entlang. Er ist mitten in der Stadt und makellos schön. Das Wasser ist kühler als das in *Hoi An*. Ich schwimme, lasse mich von der warmen

Luft trocknen und sehe einem Kiter bei den Vorbereitungen für seinen Flug zu. Bei einem Straßenstand esse ich Borscht. Eine Frau sitzt neben mir. Wie ich heiße, ob ich Sex wolle. Ich heiße nicht und ich will nicht. Auf dem Dach meines Hotels schwimme ich im Pool, dann stürze ich mich in die Happy Hour. Um diese Zeit kostet das Bier nicht mal 50 Cent. In einem Supermarkt kaufe ich eine Flasche Wodka, für alle Fälle. Der Fall tritt ein, ich sitze am Strand, trinke und … bin glücklich. Ich bestelle indisches Essen: Samosa, gefüllt mit Huhn, Shrimps Curry und reichlich russisches Bier. Das Meer ist keine zehn Meter von mir entfernt. Nach dem Essen lege ich mich in den warmen Sand, über mir der endlose Sternenhimmel, ich denke an zu Hause, döse weg und träume von Ulan Ude, einer Stadt in der Mongolei, direkt an der chinesischen Grenze. Mich wundert schon gar nichts mehr. Am Nachhauseweg bleibe ich bei einer Kreuzung stehen. »*Your name is Viktor!*«. Meine Bekanntschaft von vorhin. Sie abzuschütteln ist gar nicht einfach. Im Hotel tauche ich in einen herrlich endlosen Schlaf. Da mein Zimmer fensterlos ist, erwache ich in tiefer Umnachtung.

Auch Buddhas trinken Bier
(Na Thrang, 12. September)

Ich streife durch die Stadt. *Na Thrang* gefällt mir bei Weitem nicht so gut, wie die Städte davor. Im Weichbild des *Summer Hotel* schleiche ich wie auf Watte: Ich möchte meine Bekannte vom Vortag heute bitte schön nicht wieder treffen. Ich gehe eine schnurgerade, unschöne Straße entlang, solange, bis ein geschwungenes Gebäude in Sicht kommt, das mich an das hässliche Düsseldorfer Schauspielhaus erinnert, in dem mir vor Jahren ein junger Schauspieler vorgesprochen hat. Ich habe ihn engagiert, er wurde einer meiner Besten: Till Firit. Ich fand, einen Mann dieses Namens muss man nehmen, so was kriegt man nicht allzu oft. Jedes Mal wenn ich in diesem Theater eine Vorstellung sah, saßen in dem riesigen Saal nur eine Handvoll Menschen. Die Markthalle ist besser besucht. In ihrem Inneren gibt es nichts, was es nicht gibt. Wenn ich einen Schauspieler bräuchte – wahrscheinlich gäbe es sogar den. Außen: Ein Wirrwarr an Marktständen. Fleisch, Gemüse, Gewürze, Küchenutensilien aus Plastik, was nicht alles. Mopeds zwängen sich hupend durch das Gewühl. Bei den Obstständen probiere ich einige mir unbekannte Früchte: Die feuerrote Drachenfrucht mit ihren essbaren Kernen, Litschis, die mit ihren bunten Wuschelköpfen aussehen wie kleine Punks, die Passionsfrucht mit ihrem wohl schmeckenden Fleisch. Und: Ich traue mich an die Yak-Frucht heran. Das Zeug ist gewöhnungsbedürftig, es strahlt einen befremdlichen Geruch aus. Daneben liegen Stückchen ihres Fruchtfleisches. *»Ob ich nicht kosten möchte«*, lächelt mir die Verkäuferin zu. Die Frucht ist cremig und schmeckt erstaunlich gut – nach Vanille. Ich kaufe ein Säckchen davon. Nebenan ist ein seltsamer Stand. Eigentlich besteht er nur aus übereinadergestapelten Säcken, darin kleine, in Stücke geschnittene Hölzchen, Äste und Zweige. Der Verkäufer blickt mich fragend an. *»Wofür sollte ich das brauchen?«*, versuche ich ihm verständlich zu machen. Eine alte Frau, die in der Nebenkoje auf einem Podest hockt, stupst mich mit dem Fuß an und übersetzt: *»Die Hölzchen, in siedendes Wasser gelegt, machen stark und gesund«*. *»Ich kann mich nicht beklagen«*. *»Schade«*, meint sie, *»… dann kannst du das wohl auch nicht brauchen«*, und deutet auf kleine Gefäße, die wie Saugnäpfe aussehen. Mit einladenden Gesten will sie mich zu einer Behandlung auf ihre Matte zerren. Ich komme mit ihr ins Gespräch und sage, dass ich morgen nach *Saigon* weiterreise. Ihr Gesicht hellt sich auf und sie beginnt einen endlosen Wortschwall, in der Hauptsache auf Englisch. Da sie mit Händen und Füßen spricht, verstehe ich, dass jemand mit dem Fahrrad nach *Saigon* gefahren ist und das sind immerhin mehr als achthundert Kilometer. Dieser Jemand stellt sich als ihr Sohn heraus. Mittlerweile ist er verheiratet und hat zwei Kinder, ich möchte ihn doch grüßen von ihr. *»Gerne«*, sage ich, *»allerdings hat Saigon mehr als acht Millionen Einwohner. Und ich kenne ihn nicht gut.«* *»Aber er hat ein Telefon«*, meint sie und kramt nach ihrem Handy. Es dauert endlos, ich will gehen, aber sie bedeutet mir zu bleiben, ich bräuchte doch die Nummer, wenn ich mit ihm in Kontakt treten möchte. Jetzt tastet sie die Wände ihrer Koje ab, auf denen hunderte kleine Zettel angepinnt sind. Dazu fährt sie mit den Fingern den Bastverschlag entlang, ihre Nase dicht an der Wand. Jetzt begreife ich – die Frau ist blind und sie wollte es vor mir verbergen. Ihr Handicap wäre schlecht für ihr Geschäft, handelt sie doch mit Gesundheit. Der Potenzschnittholzverkäufer von nebenan mengt sich ein, nimmt ihr das Mobiltelefon aus der Hand, scrollt eine Telefonnummer und krakelt sie auf einen Zettel. Ich verabschiede mich von meiner Freundin und verspreche hoch und heilig bei ihrem Sohn auf einen Sprung vorbeizuschauen.

An einem Essensstand bestelle ich Tofu und Spiegelei, dann nehme ich eine Rikscha und lasse mich durch den Mittagsverkehr zur *Long-Son-Pagode* radeln, eine der wenigen Sehenswürdigkeiten der Stadt: 15 000 VND erscheinen mir ein guter Preis zu sein. Bald sind wir da. Ich reiche dem Fahrer großzügig 20 000 und klopfe ihm auf die Schulter. Er macht ein verblüfftes Gesicht. Eine Frau übersetzt: »*Es kostet 50 000 VND*«. Ich schüttle den Kopf und deute geheimnisvoll in Richtung Pagode. Sie sieht mich fragend an. »*Hanoi*«, sage ich mit tiefer Stimme, weil mir absolut nichts anderes einfällt, vor allem weil ich auch kein anderes Wort auch nur annähernd so gut auf Vietnamesisch beherrsche wie dieses. Sie nickt verstehend. Mit diesem Beckett'schen Dialog ist alles gesagt. Sie wendet sich dem Rikscha-Fahrer zu und scheint ihm zu erklären (aus ihren Gesten lese ich es heraus), dass ich in offizieller Mission unterwegs bin und nicht mehr von mir zu erwarten sei.

Der Steinboden der Pagode fühlt sich angenehm kühl an. Die Schuhe habe ich am Eingang in einem kleinen Kästchen zurückgelassen, ich sehe mir die düsteren, nach Holz und Räucherstäbchen duftenden Räume an. Um das Hauptgebäude herum ist ein Kloster angelegt. Ich setze mich in den Schatten und schreibe. Eine Glocke ruft zum Gebet. Aus kleinen Zellen treten noch kleinere Mönche und huschen zur mittäglichen Andacht. Die Türen zum Hauptraum werden geschlossen. Ich schreibe die heutigen Abenteuer in mein ebenfalls kleines Heft und schlendere zum Haupteingang – der ist inzwischen verschlossen. Meine Schuhe sind aus dem Kästchen verschwunden. Ein Tempelwächter winkt mich zu einem Nebengebäude. Dort werde ich weitergeleitet, bis ich in einem Raum, nahe dem Ausgang, lande. Von draußen beobachtet mich unverwandt der Rikscha-Fahrer von vorhin. Die Mönche haben meine Schuhe bestens betreut. Ich bekomme sie zurück, in ihnen liegt eine kleine Lotusblume.

Ich steige endlose hundertdreiundfünfzig Stufen zum großen *Weißen Buddha* hinauf. Unterwegs gibt's aber noch einen liegenden Buddha zu bewundern. Ich studiere seine kunstvoll geformten riesigen Füße. Mein Blick fällt nach rechts. Neben dem Fuß steht eine Dose *Saigon Beer*, gerade so, als ob der hohe Herr vor dem Nachmittagsschläfchen noch einen Schluck gekippt hätte. Von ganz oben hat man einen schönen Blick über die Stadt. Rund um die Statue hängen Bilder jener Mönche, die sich aus Protest gegen die Regierung des verhassten südvietnamesischen Präsidenten *Ngo Dinh Diem* verbrannt haben. Zurück im Hotel organisiere ich die morgige Weiterreise und – begebe mich zum Trost, und da die Stadt außer Russen nur wenige Überraschungen bereithält, in die Gewalt einer herzhaft zupackenden Masseuse. Überirdischer Genuss! Nebenan ist ein ausgezeichnetes indisches Restaurant, in dem ich die wegmassierten Dekas wieder ausgleiche.

Onkel Hos Enkel
(Nha Trang – Saigon, 13. September)

In der Abflughalle hat es die üblichen Tiefkühltemperaturen. Ich bedaure, nicht ein paar Wintersachen mitgenommen zu haben. Der gestrige Abend hat sich noch zu einem würdigen Abschiedsabend entwickelt. *Nha Trang* wollte mich versöhnt entlassen. Nach dem Abendessen, am Weg zum Strand, die obligate Anquatsche. »*You are Viktor, isn't it?*«. Die Dame scheint meine Wege zu erahnen oder ich gehe immer dieselben. Ich schüttle sie ab, lege mich auf eine Strandliege, leere den Wodka und verliere mich im Nachthimmel. Laute Musik bringt mich wieder zurück: Die gleiche Veranstaltung wie zuletzt in *Hoi An*. Mädchen verteilen Täfelchen an die Zuhörer, singen, ein diesmal blau gewandeter Mann hält ebensolche Fähnchen in Händen und schlägt den Takt. Ich gehe weiter, auch weil ich nicht wirklich das Zielpublikum bin. Ein riesiger Platz auf dem Kinder und Jugendliche Skateboard fahren. In den Hotels werden die Genossen Urlauber kulinarisch abgefertigt. Ich gehe zum Rathaus, ein Musterbeispiel sozialistischer Protzarchitektur. Davor findet eine chinesische Oper statt. Die Autos müssen ausweichen. Schön. Kunst kommt vor Verkehr. Am Theater, so sagt man, soll es manchmal umgekehrt zugehen. Gleich daneben liegt der Nachtmarkt. Die üblichen Souvenirs, kleine Restaurants, eine Miniaturbrücke über einen kitschig beleuchteten Teich: Ein Brautpaar aus der Mongolei lässt sich gerade fotografieren. Am Nachhauseweg erregt ein seltsames Lokal meine Aufmerksamkeit. Drinnen werden Scharen von Touristen in Stimmung gebracht. Kellnerinnen, Barkeeper, Ansager – alles fest in humorloser, russischer Hand. Die Stimmung ist am Nullpunkt. Mit ausdruckslosen Gesichtern ertragen die Pauschaltouris die Show, die auf einem kleinen, grün beleuchteten Podest abläuft. Gerade wird eine Dame aus dem Publikum genötigt, auf die Bühne zu steigen. Eine stramme Kellnerin animiert was das Zeug hält und applaudiert frenetisch. Der Entertainer, eine Katastrophe, fährt schweres Geschütz auf und zwingt das Opfer zu singen und sich im Takt zu bewegen. Das Publikum döst. Ich auch. Am Nachhauseweg drücke ich mich an den Wänden entlang. Ich bin nicht Viktor …

Die Kühlung auf Gate 1 arbeitet auf Hochtouren. Ich muss mich bewegen, sonst friere ich auf meinem Sitz an. Um fünf Uhr früh bin ich erwacht, war der erste im Speisesaal, habe ausgecheckt, bin mit dem Taxi zum Airport Shuttle gefahren (80 Cent) und kurze Zeit später hier angekommen. Die Passagiere machen Frühsport um nicht an Unterkühlung zu verenden. Eine Lautsprecherdurchsage. Zuerst in Russisch, dann auf Englisch: »*Passagier Viktor möge sich umgehend in der Abflughalle melden*«. Ich zucke zusammen und blicke hinunter, wo die Reisenden verabschiedet werden. Da steht sie. Respekt. Die Dame arbeitet mit allen Mitteln. Pünktlich heben wir ab. Der Komfort im *Viet Jet* ist tadellos, die Girls haben sogar hübsche Uniformen an. Gut dass ich die nächsten Flüge auch bei dieser Linie gebucht habe. Im Landeanflug auf *Saigon* bekomme ich einen ersten Eindruck von der Dimension der Stadt. Die meisten City-Shuttles fahren vom Internationalen Flughafen ab. Der Airport liegt mitten in der Stadt. Wir kommen nur langsam voran. Das Hotel liegt zentral. Einen sehr vertrauenswürdigen Eindruck scheine ich nicht zu machen, ich muss im Voraus bezahlen. Als Backpacker darf man nicht zimperlich sein. Gegenüber meines Hotels steht ein alles überragendes Gebäude: Der *Bitexco Financial Tower*. Ich fahre in das neunundvierzigste Stockwerk. Oben gibt es eine Aussichtsplattform und man kann sich einen Überblick über die Stadt verschaffen. Unter mir liegt der *Saigon River* wie eine träge, satte Schlange. Glücklich blicke ich über mein neues Reich. Dann tauche ich hinunter in das Häusermeer und beginne das Revier zu erkunden. In einem Park in der Nähe des *Ben-Tanh-Markets* wird ein Fest vorbereitet, das »*Festival der Integration*«. Ein schönes Motto. Auf der Bühne findet gerade der Soundcheck statt. Der Park ist vollgestellt mit Essensständen, in den Wiesen lagert hauptsächlich junges Publikum: Ein überdimensionales Picknick im Herzen der Stadt. Ein hübsches Mädchen wird vor einem blauen Zelt fotografiert. Die Blumen auf ihrem Kleid haben die gleiche Farbe wie das Zeltdach. Vor Jahren wurde mir die Inszenierung des Musicals »*Miss Saigon*« angeboten, ich habe abgelehnt. Hier steht die Idealbesetzung der siebzehnjährigen »Kim«, die während des Krieges in einem Nachtklub in *Saigon* arbeitet und sich in einen GI verliebt. Ich schieße heimlich ein paar Fotos von ihr und halte wie automatisch Ausschau nach der Besetzung des GI. »Deformation professionelle«! Der Fotograf spricht mich an, ob ich mich nicht dazustellen möchte? Ich will. Vielleicht lande ich ja auf der Besetzungsliste der hiesigen Produktion. Und wenn ich schon nicht für den Jungen tauge, in dem Stück spielt auch ein Hubschrauber mit. Für den könnte ich allemal in Frage kommen.

Mit viel Mut versuche den vielbefahrenen Kreisverkehr zu überqueren und erreiche das gegenüberliegende, rettende Ufer. Die Stahlkonstruktion des *Ben-Tanh-Markets* wurde 1914 von den Franzosen errichtet und erinnert an die *Les Halles* in *Paris*. Das Warenangebot überfordert mich. Durch die *Ham Nghi* gehe ich zurück zum Hotel um nicht die Orientierung zu verlieren. Ich wohne in *Dong Khoi*, einem Stadtteil in dem die elegantesten Restaurants, Bars und Boutiquen der Stadt zu finden sind. Hier ist Luxus angesagt. Die *Ngyuen Hue Straße* führt geradewegs zum *Sitz des Volkskomitees* – davor steht, wie könnte es anders sein, ein alter Bekannter: Onkel Ho, diesmal in Bronze. Der Boulevard erinnert mich an die *Ramblas* in *Barcelona*, nur dass er dreimal so breit ist. Inmitten von Wolkenkratzern und Designerläden stehen prachtvolle Kolonialgebäude. *Saigon* wurde früher das »*Paris Indochinas*« genannt. Wie wahr. Alle großen internationalen Marken haben hier ihre Flagship Stores: Dior, Gucci, Fendi – alle. Ich steuere das *Städtische Theater* an. In unmittelbarer Nähe stehen die berühmtesten Hotels der Stadt, das *Caravelle Hotel* (Graham Greene hat hier angeblich längere Zeit »Room 214« bewohnt) und das *Continental:* Während des Krieges stiegen hier die Journalisten und Fotoreporter der großen Nachrichtenagenturen ab. Im Theater gibt es heute Abend eine Show mit dem kryptischen Titel: »A O – The Show«, eine Revue, bestehend aus Musik, Tanz und Artistik. Ich besorge mir eine Eintrittskarte. Inzwischen ist es dunkel geworden. Die Stadt beginnt zu leuchten. Auch die schöne *Ngyuen Hue* erstrahlt in allen Farben. Von überall strömen Menschen auf den Boulevard und erfreuen sich an dem Lichtspektakel. Junge, Alte, Kinder – alle sind jetzt auf den Beinen. In einem großen Kreis sitzen Teenies und machen Musik. Vor Onkel Ho lassen sich die älteren Semester fotografieren. Ich schieße verschämt ein Selfie – ich will auch mit von der Partie sein. Mit dem Erwerb des Theatertickets erhalte ich einen Gutschein für eine benachbarte Bar: Einladung der Direktion! Warum habe ich nie Zuseher auf Volkstheaterkosten ins *Café Raimund* geladen? Man hätte mit dem Kaffeehaus eine Kooperation eingehen können. Für zwei Karten »Othello« bekommt man einen kleinen Braunen. Ich hebe mein Glas auf die Direktion des Hauses. Ob der hiesige Chef auch die Nase voll hat von seinem Job und gerade um ein gewisses Theater in *Wien* schleicht? Die Show ist wunderbar! Eine verzaubernde Reise durch das alte und moderne Vietnam, in Szene gesetzt von einem »Cirque-de-Soleil«-Regisseur. Hauptakteure sind Bambusstangen, Körbe – und großartige Artisten. Ich lasse mich durch die schönen Bilder verzaubern. Die Show dauert exakt eine Stunde. Danach sitzen die Künstler auf der großen Treppe im Foyer und lassen sich von den Zusehern fotografieren. Ich gehe zurück zum Hotel. Die breite Straße ist inzwischen für den Verkehr gesperrt, jetzt findet hier Party statt: Aus dem Asphalt schießen Wasserfontänen. Break-dancer, Performer, Straßenkünstler, »Toute Saigon« heißt den Weltenbummler und künftigen Helikopter-Darsteller willkommen! An der Stirnseite der *Ngyuen Hue* ist der große Vorsitzende in eine grelle Lichtshow getaucht und wacht über seine Kinder. Sie sind glücklich. Er wäre stolz auf sie, könnte er sie sehen. Der gute alte Onkel hat den Befreiungskampf mit ihren Omas und Opas geführt. Die Enkel dürfen nun ihr freies Leben genießen. Sie tun es ausgiebig.

Alle Schrecken dieser Welt
(Saigon, 14. September)

Halbzeit. Ich bin seit zweieinhalb Wochen im Lande und erwache aus einem traumlosen Schlaf. Für heute nehme ich mir zwei besonders geschichtsträchtige Begegnungen vor. Über die Kirche *Notre Dame* und die gegenüber gelegene *Hauptpost* gehe ich zum *Wiedervereinigungspalast*. Vor der Kathedrale tummeln sich Hochzeitspaare, die sich in pathetischer Pose fotografieren lassen. Ich stehle einigen von ihnen ein paar Augenblicke und knipse auch drauf los. Ein strenger Zeremonienmeister arrangiert das Prozedere, eine Stylistin kümmert sich um das Make-up der Brautleute. Hier wird in Zukunft investiert und die Gegenwart in Szene gesetzt. In einer Einkaufstasche warten Plastikblumensträuße in allen Größen auf ihren Einsatz, für jede Braut das Passende. Die Minen der glücklichen Paare sprechen Bände. Von den Posen versuche ich auf ihr künftiges Eheleben zu schließen. Ein Zitat von *Konfuzius* fällt mir ein: »*Wer ständig glücklich sein möchte, muss sich oft verändern.*« Vielleicht gerade unpassend. Ich wende mich schlechten Gewissens der Revolution zu. Der Palast liegt in einem herrschaftlichen Park. Ein hohes schmiedeeisernes Gitter schließt die Grünfläche zur Straßenfront hin ab – die politische Realität der letzten Jahrzehnte nicht. Am 30. April 1975 durchbrach ein Panzer der nordvietnamesischen Armee dieses Tor – das Foto ging um die Welt. Damit war nach dreiundvierzig Tagen die Regierung des Präsidenten *General Minh* auch schon wieder vorbei: »*Ich warte seit dem Morgen, Ihnen die Macht zu übergeben*«, sagte er zu dem Soldaten, der als erster in den Palast stürmte. Darauf der Soldat: »*Man kann nicht abgeben, was man nicht hat.*« Dieser Dialog gilt als die verbale Kapitulation des Südens und als Bekräftigung des Sieges des Vietkong. Kurz davor verließen die Amerikaner das Land, kurz danach ihr langjähriger Verbündeter, Präsident *Van Thieu*. *Ho Chi Minh* hatte gesiegt. Zu diesem Zeitpunkt allerdings war er bereits seit sechs Jahren tot. Der ursprüngliche Palast wurde für den Generalgouverneur von *Chochin China* erbaut. Später residierte hier der verhasste südvietnamesische Präsident *Ngo Dinh Diem*. Das Gebäude wurde ausgebombt und in den Sechziger-Jahren errichtete man an gleicher Stelle einen Neubau. In diesen Räumen wurde Zeitgeschichte geschrieben: *Nixon*, *Kissinger*, sie alle sind hier ein- und ausgegangen. Zu besichtigen sind die Schlafzimmer der Präsidentenfamilie, die Konferenzräume und die Säle für die Festbankette. Auf dem Dach hat man eine große Bar eingerichtet, gleich daneben ist der Heliport. Im Keller gehe ich durch das Bunkersystem der Machtzentrale: Funkerzimmer, Stromversorgungsraum, Kino, Spielsalon, Büro des Präsidenten. Es ist Sperrstunde und der Aufseher über das unterirdische Reich komplimentiert mich unfreundlich hinauf ans Tageslicht. Ich bin froh, dass ich diesen düsteren Ort verlassen darf. In einem Straßencafé spüle ich die muffigen Sechziger mit zwei Bier hinunter und warte den einsetzenden, sintflutartigen Regen ab. Der Asphalt dampft. Ich wage mich aus meinem Unterstand hervor: Strahlender Sonnenschein. Im nächsten Moment – strömender Regen. Ich flüchte mich in die nächste Bar und bestelle einen Mango-Smoothie. In der Nähe liegt der *Schildkrötensee*. Ein kleiner Teich der nur deshalb meine Aufmerksamkeit erregt, weil er einen so hübschen Namen trägt. Er verdankt ihn einer kleinen steinernen Schildkröte, die an der Nordseite des Beckens hockt. Es ist furchtbar heiß und dunstig. Mit buddhistischer Gleichmut habe ich mich an den Feuchtigkeitsfilm auf meiner Haut gewöhnt – wir Vietnamesen gehören einer einzigen, großen, schwitzenden Familie an.

Das, was ich in den nächsten Stunden zu sehen bekomme, zählt zum denkbar Schrecklichsten. Die Konfrontation mit zugefügtem und bewusst hervorgerufenem Leid ist nur schwer erträglich. Das *Kriegsrestemuseum* steht auf der »To-Do-Liste« jedes *Saigon*-Besuchers an oberster Stelle und ist angeblich das bei Touristen beliebteste Museum. Gleich beim Eingang geht's schon los. Nach den obligaten Panzern und Kampfjets stößt man auf einen Nachbau eines der berüchtigsten südvietnamesischen Gefängnisse. Hier sind jede Menge Folterwerkzeuge ausgestellt, allen voran die »Tigerkäfige«. Allein der Anblick jagt Schrecken ein. Die Gefangenen mussten in Stacheldrahtkäfigen kauern, die nicht mehr als einen Meter fünfzig mal einen Meter fünfzig klein waren. Unvorstellbar. In den etwas größeren Boxen waren einige Gefangene zusammengepfercht. Ich stehe fassungslos davor, als ein infernalischer Lärm losbricht. Auf das Plexiglasdach trommelt ein neuerlicher Wolkenbruch und setzt die Welt unter Wasser. So schnell wie er gekommen war, ist er auch schon wieder vorbei und ich flüchte ins Hauptgebäude. Hier sind Fotos, Gegenstände und Doku-Material ausgestellt, die den ganzen Schrecken menschlicher Grausamkeit an der Zivilbevölkerung beschreiben. Eine penible Auflistung des Horrors, fein säuberlich nach Gräueltaten geordnet. Fotos, wie sie erbarmungswürdiger nicht vorstellbar sind: Entstellte, verkrüppelte, zerstörte Kinder- und Babygesichter. Auswirkungen von Napalm und Agent Orange. Unschuldige, die alles Leid dieser Welt ertragen müssen. Die Amis haben etwa hundert Millionen Liter toxische Substanzen auf Vietnam geschüttet, die Auswirkungen waren und sind bis heute katastrophal. Wer dieses Museum besucht, wird nie, niemals vergessen können. In jedem Stockwerk gibt es Souvenirstände, die den üblichen Kitsch verramschen. Wie sehr ist der Schrecken schon zur Alltäglichkeit geworden, wenn so etwas überhaupt möglich ist. Ins Diesseits holt mich ein Stand, an dem Karten für »A O – *The Show*« verkauft werden. Ich erzähle der Verkäuferin vom gestrigen Besuch und bin froh, das Thema wechseln zu können. Ich wende mich dem Leben zu und lasse den Tod hinter mir. Die Vietnamesen machen es nicht anders. Überleben ist sonst nicht möglich.

Es dämmert. Der Smoothie ist ausgetrunken, ich kämpfe mich durch den abendlichen Verkehr in Richtung Hotel. Danach belohne ich mich mit einem herrlichen Sushi in einem japanischen Lokal in einer Nebenstraße der *Nguyen Hue*. Heute liegt die breite Straße verlassen da. Der heftige Regen stoppt die Outdoor-Aktivitäten. Ich buche meinen Flug nach *Phu Quoc*, einer angeblich schönen Insel im Süden des Landes und plane einen Trip ins *Mekong Delta*. Dies sollte mein letztes Abenteuer werden, bevor ich in zwei Wochen in den Flieger nach Wien steige. Ich denke, für heute habe ich genug gesehen.

Der große Regen (Saigon, 15. September)

Der Tag beginnt strahlend, ich nehme mir ein leichtes Programm vor: Das *Historische Museum* und den *Zoo* – das klingt friedlich. Die Geschäftsstraße *Dong Khoi* würde ich auch im Schlaf wiederfinden. Ich betrete das *Caravelle Hotel* und sehe mich um. In dieser Lobby tummelten sich damals die hartgesottenen Typen, die ihre Eilmeldungen um die Welt schickten. Ganz lässt mich der Krieg nicht los. Dann geht's durch die *Hai Ba Trung,* wo weitere Hotelkästen stehen, in die *Le Duan.* Diese Straße führt geradewegs zum Museum. Unterwegs hält mich ein Mann auf und fragt, wo das *Café Mondial* liegt. Ich sage, dass ich schon seit Jahren nicht mehr da gewesen bin. Er sieht mich an, versteht und lacht. Gegenüber des *Zoos,* in dessen Areal das *Historische Museum* liegt, entdecke ich zu meiner Rechten über einem Lokal die Schrift: *Café Mondial.* Ich blicke mich um. Unmittelbar hinter mir geht mein Freund von vorhin. Ich sage: »*You asked for the ›Mondial‹, here it is!*« und deute auf das Café. Der Mann bedankt sich theatralisch und wir umarmen einander wie zwei alte Freunde. Weshalb? Keine Ahnung. Einfach so. Warum auch nicht? Die Szene könnte von *Edward Albee* geschrieben worden sein. In dem Zwei-Personen-Stück »Zoogeschichte« treffen zwei Fremde aufeinander und erleben eine absurd-intensive Annäherung. Im Rahmen meiner Schauspielausbildung spielte ich einen der beiden: »*Peter*«. Mein damaliger Partner hieß *Andreas Altmann*, er war »*Jerry*«, ein lebensmüder Strotter, der kurz vor der zufälligen Begegnung in einem Zoo die Einsamkeit der Menschen diesseits der Gitterstäbe beobachtete, die sich ebenso wie die Tiere in den Käfigen voreinander ängstigen und sich voll von Misstrauen begegnen. Ein Parabelspiel über existenzielle Einsamkeit und Verzweiflung. Ein reichlich seltsames Spiel im Spiel. Während der Mann lachend das *Mondial* betritt, begreife ich die Absurdität der Szene: *Andreas* verließ kurz danach für immer die Bühne und wurde einer der renommiertesten Reiseschriftsteller deutscher Sprache. Hier, im Angesicht des *Zoos* von *Saigon*, nach meiner flüchtigen, aber reichlich seltsamen Begegnung mit dem Fremden, denke ich an den einstigen Kollegen und Freund und mir kommt zu Bewusstsein, dass ich soeben im Begriff bin, denselben Lebensweg zu gehen wie er, nur vierzig Jahre später: Weg von der Bühne, hinaus in die Welt. Verwirrt über die tangentiale Annäherung dreier teilweise unbekannter Personen und die Zufälligkeit der Übereinstimmung von Wirklichkeit und Fiktion, von Handlung und Raum als Ort des Geschehens, wende ich mich dem nächst greifbaren, leichter Fassbaren zu, der Geschichte des Landes, dessen Gast ich sein darf.

Vorerst bin ich im Museum alleine unterwegs, im Laufe meines Streifzuges durch die Vergangenheit aber nimmt das Gedränge zu. Eine amerikanische Reisegruppe nach der anderen erobert die Säle, und bereitet eine neuerliche Invasion vor. Angeführt werden die Fastfood-Horden von Reiseleitern, die in Sachen Lautstärke einander zu übertreffen trachten. Sie brüllen ihre Erläuterungen in

Mikrofone, ihre Stimmen werden von Lautsprecherboxen, die sie auf kleinen Wägelchen nachziehen, verstärkt. Mir vergeht die Lust nach Geschichte schlagartig und ich suche, wie ganze Völker vor mir, mein Heil in der Flucht. Halte die Amis aus wer mag, ich, hier und jetzt, nicht. Der *Zoo* ist mein Exil. Zebras, Giraffen, Bären starren mich aus leeren Augen an. Ich erwidere ihren Blick und fühle mich schuldig. Die Käfige sind erbarmungswürdig, die Tiere sehen ungepflegt aus und ihre Blicke klagen an. Was habe ich erwartet, so sehen Tiergärten auf der ganzen Welt aus. Letztlich sind sie nichts anderes als Internierungslager. Ich brauche jetzt ein vorbildlich gekühltes Aufheiterungsbier und trinke auf meinen Freund im *Mondial* und die beiden Herren *Albee* und *Altmann*. Am Nebentisch sitzt ein junger Vater, der seine kleine Prinzessin füttert. Dabei fallen ihr ein paar Reiskörner aus dem Mund. Als Strafe verabreicht ihr der Vater eine Ohrfeige. Die Kleine starrt ihren Papa mit großen Augen an, verwirrt über die plötzliche Gewalt. Zwei Minuten später schmiegt sie sich voller Liebe an ihn. Kinder können verzeihen. Erwachsene verlernen es. Ich bleibe wie benommen sitzen, bestelle noch ein Bier und denke über die Begriffe »Gewalt« und »Freiheit« nach. In *Albees* Stück »Zoogeschichte« stirbt Jerry, indem er sich ins Messer fallen lässt, das er selbst in Peters Hand legte.

Für Essen und Getränk bezahle ich 35 000 VND (1,20 €) und bewege mich träge durch das tropische Gefängnis. Die Elefanten wiegen sich von einem Bein aufs andere, Tiger schleichen den immer gleichen Weg am Gitter entlang, Gnus dösen in brütender Hitze – in ihrem Gehege steht kein einziger Baum. Nilpferde liegen in schwarzem Wasser und starren mit toten Augen in die Welt. Ein Waran steht reglos in seiner kahlen Box, Fischotter schleichen in ihrem Kot herum, eine Schlange richtet sich an der Glasscheibe des Terrariums auf wie ein Spazierstock. Stummer Protest der Inhaftierten. Mich überfällt alles Leid dieser Welt und ich verlasse den *Zoo*. Vorher standen hier jede Menge Taxis, jetzt ist der Platz wie leergefegt. Es bleibt mir nichts anderes übrig, als den langen Rückweg zu Fuß gehen. Im Moment genieße ich die Anstrengung sogar. Dem einzigen Taxi begegne ich genau vor dem Hotel und füge dem *Murphy'schen Prinzip* eine weitere Variante hinzu: Das Taxi bietet sich immer erst dann an, wenn man bereits zu Hause ist. Nachricht aus Europa: »Es regnet«. Ich falle in einen tiefen Nachmittagsschlaf. Ich darf das. Regen weckt mich, das Prasseln auf dem Fenstersims ist höllisch laut. Ich entschließe mich dennoch zu einem kleinen Spaziergang. Draußen tröpfelt es nur mehr leicht. Gegenüber des Hotels setze ich mich auf die gedeckte Terrasse eines Cafés, bestelle *Saigon Beer* und notiere ein paar meiner vormittäglichen Gedanken. Plötzlich Finsternis rund um mich: Ein Regen-Inferno bricht los. Die großen Planen, die die Terrasse des schicken Lokals am Fuße des *Bitexco Towers* überspannen, füllen sich mit Wasser. Wieder mal geht die Welt unter. Es ist pechschwarz, der Regen hämmert auf das Dach, Menschen flüchten in Hauseingänge und suchen Schutz vor der Sintflut. Einige wenige Mopeds kämpfen sich durch die schwere See. Eine Frau schiebt ihren schwer beladenen Karren durch den Ozean. Der Verkehr ist jetzt nur mehr schemenhaft zu sehen, obwohl die Straße unmittelbar vor dem Lokal liegt. Die Planen halten dem Druck nicht mehr stand, wir werden evakuiert. Auch im Inneren des Lokals ist es nass. Im Erdgeschoss des Towers drängen sich die Menschen an den Eingängen. Sie warten das Ende des Wettersturzes ab. Ich erinnere mich an die Regenschlacht in *Hanoi*. In einem solchen Guss hat mich der Taxifahrer damals aussteigen lassen: Er wurde von der Menschenrechtskonvention für seine Tat nie zur Rechenschaft gezogen.

Eine Stunde später resigniere ich. Der Regen hält unvermindert an, die Straßen sind inzwischen unpassierbar geworden. Ich durchstreife das Hochhaus, Etage für Etage und suche nach Futter. Im 4. Stock entdecke ich einen Food-Market. Allerdings: Ich durchschaue das Bestell- und Zahlsystem nicht. Ich werde vor vollen Tellern verhungern. Nein. Auf derselben Etage ist ein *KFC* und ich besorge mir einen Chicken Burger mit Pommes. Am Nebentisch sitzen Jugendliche. Sie machen sich nichts aus ihrem Exil, im Gegenteil, ihre Laune ist bestens. Der Himmel hat auch ihr Schicksal besiegelt. Ausgelassen und voller Übermut, die solch eine Ausnahmesituation mit sich bringt, kreischen sie was das Zeug hält. Die anderen Gäste stoßen sich nicht an ihnen. Während draußen die Welt untergeht, nähert sich im Inneren der Titanic die Stimmung ihrem Höhepunkt. Jetzt entdecken die jungen Leute mich: Ein kollektiver Lachanfall ist die Folge. Ich verschlinge meine Pommes, trete die Flucht nach vorne an und kämpfe mich durch die Wassermassen zum Hotel durch. Immer noch besser der Ertrinkungstod, als von Jugendlichen aus Spaß gelyncht zu werden.

Die Rache des Jadekaisers
(Saigon, 16. September)

Es regnet immer noch. Nachdem es in der Früh kurz aufgeklart hat, gibt es kurze Zeit später den nächsten Guss. Ich liege auf dem Bett, heftiges Pochen an der Türe. Das Zimmermädchen will ihre Arbeit machen. Ich versuche das Büro der Austrian Airlines zu erreichen, um einen vorzeitigen Rückflug zu buchen – der Monsun beginnt ernsthaft zu nerven. Als ich endlich durchkomme sagt eine Stimme, ich möchte zur Bürozeit nochmal anrufen. Ich habe völlig vergessen: In *Wien* ist es jetzt vier Uhr früh. Der Regen hat nachgelassen, ich wage mich aus dem Hotel und marschiere quer durch *Stadtteil 1*. Mein Ziel ist der *Tempel des Jadekaisers*, den ich gestern nicht mehr geschafft habe. Heute ist er fällig. Ich wähle einen Weg durch schmale Gässchen, in denen Antiquitäten verkauft werden, vorbei am *Ben-Tanh-Market* und sehe mich um Souvenirs um. Ich erstehe eine Tasche aus Seide, in der ab nun meine Tagebücher aufbewahrt werden, passiere einige Hindu-Tempel, kaufe einem Mädchen einen Fächer mit chinesischen Schriftzeichen ab und überquere eine schöne Rasenfläche. Wieder gebe ich ein begehrtes Foto-Motiv ab: Ich fotografiere und werde fotografiert. Im Park wird um diese Zeit Körperertüchtigung betrieben. Ein Paar wiegt sich in einem Pavillon zu unhörbarer Musik, eine Gruppe junger Cheerleaders paukt eine Choreo, junge Männer stemmen Gewichte und turnen an Fitness-Geräten. Später komme ich an einer Schneiderei vorbei, deren Lokal aus einem Fahrradsattel unter einem Regenschirm besteht. Der Verkehr ist mörderisch. Mopeds, vollbeladen mit Blumengestecken, Wasserflaschen oder aufeinander geschichteten Korbgebirgen. Alle Gehsteige sind abgeschrägt, sie dienen auch als Fahrspuren. Auf der Straße selbst ist Parkverbot. Autos müssen in Parkhäusern oder auf Baulücken abgestellt werden. Mopeds parken dicht an dicht auf dem Gehsteig, bewacht von professionellen Parkwächtern. Ein einträgliches Geschäft. Ein Heer von Straßenkehrern ist rund um die Uhr unterwegs. Eine kleine Szene: Ein Mopedfahrer wirft eine Plastikflasche in voller Fahrt in Richtung eines Mistkübels. Er trifft nicht, die Flasche landet im Rinnstein. Der Fahrer kehrt um und hält. Seine Freundin gleitet vom Rücksitz, hebt die Flasche auf und wirft sie in den Kübel. Die beiden brausen lachend weiter. Eine unbedeutende Szene, die in Europa wahrscheinlich so nicht stattfinden würde. Plötzlich und ohne Vorankündigung öffnet sich der Himmel für den nächsten Regenguss. Ich rette mich in eine Art Werkstatt, in der einige Tische stehen und die sich als Restaurant entpuppt. Ich bestelle Reis und Tintenfisch mit frischem Chili. An den Tischen zwängt sich ein Moped vorbei, der Fahrer will dem Regen entgehen. Ich lehne mich zur Seite, mit dem Löffel im Mund. Da ich den Tisch und meinen Stuhl festhalten muss, um nicht vom Moped umgefahren zu werden, droht mir der Löffel aus dem Mund zu fallen. Der Mopedfahrer bleibt auf meiner Höhe stehen, schiebt mir den Löffel wieder zwischen die Zähne und balanciert mit seinem Gefährt weiter. Ich muss so sehr lachen, dass mir jetzt endgültig der Tintenfisch aus dem Mund fällt – unter Applaus der Gäste. Ich bin mal wieder der Mittelpunkt und erhalte für die Einlage vom Wirt eine Zusatzportion.

Kurz darauf ziehe ich weiter. Die *Dien Bien Phu Street* nimmt kein Ende. Ich komme zu einer Brücke. Das kann jetzt nicht mehr stimmen. Mein Ortssinn trügt mich nicht, die Spur zum *Jadekaiser* hat sich verlaufen. Ich habe keinen Stadtplan dabei, heute vertraue ich ausschließlich meinem Instinkt. Ich bewege mich im Planquadrat und verenge die Kreise. Das Viertel ist nicht gerade einladend. Meine Augen treffen auf die eines alten Mannes. Feindselig starrt er mich an und deutet in Richtung eines unscheinbaren Tores: Der Kaiser hat sich gut verborgen. Ein schmutziger Hof. In einem Becken schwimmen bleiche Goldfische. Der Wasserspiegel ist nicht mehr als zwanzig Zentimeter hoch. Die Fische müssen seitlich schwimmen um zu überleben. In einem anderen Becken tummeln sich hunderte von Schildkröten. Auch sie haben kaum Wasser zur Verfügung und türmen sich zu einem bedauernswerten Berg zappelnder Leiber. Der *Jadekaiser* ist grausam zu seinen Untertanen. Ich betrete den Tempel. Beißender Rauch verdüstert die Räume: Die Luft ist zum Schneiden. Neben mir höre ich ein Röcheln. Ich trete beinahe auf den halb verhungerten Körper eines alten Mannes, der neben einem Altar aufgebahrt liegt. Die düsteren Schemen der Betenden, der Rauch, das Stöhnen des Sterbenden (es hört sich zumindest so an), lassen den Ort mehr als unheimlich erscheinen. Ich tappe durch die angrenzenden Räume und dringe tiefer in das dunkle Reich vor. Überall kauern menschliche Leiber. So und nicht anders könnte *Dantes Inferno* aussehen. Das Innere des Tempels gleicht einem Labyrinth, das in konzentrischen Kreisen durch das *Purgatorio* geradewegs zur Hölle führt. Je mehr sich die Gänge zum Innersten hin verjüngen, umso sündiger erscheinen die Seelen der Geplagten, die dem *Jadekaiser* huldigen. Tief drinnen, dort wo die Finsternis nur mehr vom Lichtschein einer Öllampe zerschnitten wird, liegen die Elenden. Es ist kühl an diesem verfluchten Ort. Zu allem Überfluss verspüre ich einen ordentlichen Drang mich zu erleichtern. Ich entdecke eine Art Jauchengrube. Alles starrt vor Dreck und Exkrementen. Solche Orte stellen eine Art Überlebenstraining dar. Diesem Schreckensort ohne Infektion zu entkommen, heißt, dem *Jadekaiser* eine Opferung zu schulden. Sie wird an gastlicherem Ort nachgeholt. Ich kämpfe mich zurück durch die gewundenen Gänge und schieße ein paar Fotos. Der Blitz meiner Kamera zerreißt die Unterwelt der Verdammten wie ein Feuerstrahl aus dem Flammengürtel der Ultrabestien. So schwierig es war ihn zu finden, so gerne verlasse ich den Tempel wieder. Unterwegs besuche ich die *Zentralmoschee* von *Saigon*. Welch ein Kontrast! Rechts vom Eingang befindet sich das Badehaus, davor ein kleiner Pool mit kristallklarem Wasser. Hier waschen sich die Gläubigen bevor sie ihre Gebete verrichten. Auch ich. Welch eine Wohltat, die der Prophet für mich bereithält.

Den Tag beschließe ich in einem ausgezeichneten japanischen Restaurant. Bei jeder Bestellung verneigt sich der Kellner so tief vor mir, dass sein Kopf beinahe an die

Tischplatte schlägt. An einem der Nachbartische ereignet sich etwas Seltsames. Eine weibliche Stimme (ich kann das dazugehörige Gesicht von meinem Platz aus nicht erkennen) telefoniert in einer Lautstärke, dass man, ohne es zu wollen, Teilnehmer der Konversation wird. Die Dame spricht Englisch und ganz offensichtlich mit einem ihrer Liebhaber – oder mit jemanden, den sie zu erobern gedenkt. Immer eindeutiger werden ihre Angebote, immer eindringlicher ihre Stimme. Die Komik der Szene beruht nicht so sehr auf der Tatsache ihrer verblüffenden Pikanterie, sondern in der Überforderung der Gäste, die, zur Mithörerschaft gezwungen, sich dazu entschlossen haben, die Konversation zu ignorieren. Wir sind zu viert: die Hauptdarstellerin, zwei Damen unterschiedlichen Alters und ich. Die scheinbare Gleichgültigkeit gegenüber der schamloser werdenden Offenheit der jungen Frau wird immer unhaltbarer. Meinen beiden Kolleginnen werden jetzt sichtlich nervös. Als emanzipierte Frau kann man das nicht unkommentiert lassen, aber wie darauf reagieren? Am besten, man lächelt das weg, die Situation wird sich entspannen. Mitnichten. Das Gespräch wird flüsternd weitergeführt, eindringlicher. Kichern, Seufzen, Atmen. Wir geben vor, ganz unseren eigenen Gedanken nachzuhängen oder zumindest ins Essen vertieft zu sein und jeder hofft auf Deeskalation. Die kommt, nachdem die Konversation der jungen Dame hörbar einen Höhepunkt beschert hat. Sie steht auf, trippelt unsicher an unseren Tischen vorbei und ward nicht mehr gesehen, noch weniger gehört (hat wohl das Lokal verlassen). Wir drei schlürfen unsere Nudelsuppen, weswegen wir ja schließlich hier sind, vermeiden Blicke, die sich womöglich begegnen könnten und tun ganz so, als wäre das, woran wir eben teilnehmen durften, das Alltäglichste der Welt. Ist es ja auch. Ich winke dem Kellner, bezahle, stecke ihm ein angemessenes Trinkgeld zu, schließlich erlebt man so etwas nicht alle Tage und einige Verbeugungen später verlasse ich das eigentümliche Lokal und denke, dass die Kapriolen des Lebens einen manchmal mehr als kurios anpacken.

Das Kleine im Großen (Saigon, 17. September)

Am letzten Tag meiner ersten *Saigon*-Tranche schließe ich eine offene Lücke: Ich besuche das *Stadtmuseum,* ein schönes Gebäude im neoklassizistischen Stil. Vorerst hieß es *Gia-Long-Palace* und hat dem verhassten Präsidenten *Ngo Dinh Diem* und seiner Familie als Residenz gedient. 1963, nach dem Putsch seiner eigenen Generäle floh er durch ein unterirdisches Tunnelsystem bis zur katholischen *Cha-Tam-Church* im Bezirk *Cholon,* immerhin gut zehn Kilometer entfernt. Dort wurde er aufgespürt und grausam getötet. Das Museum widmet sich heute in erster Linie, wie könnte es anders sein, der Revolution. Im Garten steht der Bomber, mit dem der Anschlag auf den Präsidentenpalast von *Van Thieu* verübt wurde. Die Geschichte des Landes holt mich auf Schritt und Tritt ein. Ich verlasse den Palast, nicht ohne vorher noch eine Mutprobe bestanden zu haben: Ich teste die Toilettenanlage des Präsidenten: Alles präsidial. Ich schlendere die *Le-Loi-Street* entlang und gelange in den *Pham Ngu Lao District,* dort, wo die meisten Backpacker-Hotels liegen. Unterwegs mache ich eine kurze kulinarische Rast an einer Straßenkreuzung und nehme auf einem meiner geliebten Kinderstühlchen Platz. Auf meinem Teller regt sich etwas: Eine frisch geschlüpfte Baby-Made sucht ihre Mutter und kriecht in Richtung Tellerrand. Ich bin also endlich beim Thema Nummer eins gelandet! Nein, ich habe das Tierchen nicht gegessen. Und, ja, es hat mich gehörig gegraust. Die Heldentat bestand darin, ohne mit der Wimper zu zucken mein Mittagessen zu beenden. Das war ich schon meinem Tischnachbarn schuldig. Er war immerhin Polizist. Eigentlich hatte ich mir ja vorgenommen nicht zu kneifen, aber Auge in Auge mit der Kreatur habe ich es doch nicht geschafft.

Ich gelange in unbekanntes Terrain, vorbei an einem schönen Markt. Überall Menschen, die etwas zu verkaufen haben, die mich massieren oder mich zumindest ein Stück des Weges begleiten wollen. Nach drei Wochen bin ich abgestumpft gegenüber dieser Reizüberflutung. Ich trinke in einem Eck-Café ein Bier und der Ekel über meine Tellerbekanntschaft nimmt mit jedem Schluck ab. Gegen Abend streife ich lustlos durch die Gegend um mein Hotel und bestelle eine Pho, mein gutes altes Frühstücksessen. Wo sind die Zeiten! Vor gefühlten zehn Jahren bin ich nach einem Endlosflug, einen alten vietnamesischen Gecko am Schoß, in *Hanoi* gelandet! Ich würze die Suppe mit Chili, Minze, Zitronengras, Koriander und länglichen, grünen Teeblättern (vermute ich) – sie schmeckt großartig scharf. Innerhalb weniger Sekunden ist mir, als gieße mir jemand siedend heißes Wasser über den Kopf.

Ziellos schlendere ich über die *Nguyen Hue* und nehme auf einer der Bänke Platz. Polizisten gehen auf Streife. Einer von ihnen hat Rollschuhe an und ist dementsprechend flink unterwegs, ein anderer schreitet geometrische Muster ab, danach trachtend, auf die Fugen des Straßenpflasters zu treten. Wie ein Tiger in seinem Käfig schleicht er mit immer gleichem Gesichtsausdruck die immer gleichen Linien entlang. Eine junge Frau wird fotografiert. Sie trägt ein traditionelles, langes Kleid und stellt kitschige Posen nach. Je gezierter ihre Bewegungen werden, desto lustloser reagiert der Fotograf. Jetzt streift sie sich die Schuhe von den Füßen und hopst ausgelassen über den Asphalt. Das scheint den Fotokünstler zum Leben zu erwecken, er beginnt eine neue Serie von Schnappschüssen. Eine Mutter mit Kind setzt sich neben mich. Das Kind spielt. Jetzt gesellt sich auch der Vater dazu. Die Mutter beobachtet glücklich ihre kleine Familie. Vater und Kind entfernen sich, die Mutter blickt ihnen besorgt nach. Bald sind die beiden nicht mehr zu sehen. Die Mutter läuft in die vermutete Richtung, holt Vater und Kind ein und nimmt auf einer anderen Bank Platz, von wo aus sie die beiden erneut observiert. Eine Frau mit Kind schlendert vorbei, im Schlepptau die Omi. Die Frau sieht aus wie ein Mensch gewordenes Manga: Schwarzer Pagenkopf, bläulicher Schimmer im Haar, große schwarze Brille, knallrote Lippen. Die Kleine sieht aus wie ihre Mama, die Oma wie die Tochter. Die beiden Manga-Frauen unterhalten sich. Eine Seifenblasenverkäuferin pirscht sich an die Kleine heran. Trauben von Blasen wehen über die Straße in Richtung der japanischen Puppe. Wie dreidimensionale Darstellungen chemischer Verbindungen von Atomteilchen fliegen sie um den Kopf des Kindes und zerplatzen. Wieder und wieder versucht die Kleine die schönen Wunderkugeln festzuhalten, wieder und wieder lösen sie sich in spritzendes Seifenwasser auf. Die Straßenverkäuferin lässt nicht locker. Die Erwachsenen ignorieren sie, nicht so die Kleine. Sie wäre der bessere Kunde. Geschäft macht die Seifenblasenkünstlerin dennoch keines. Ein schmerbäuchiger Europäer schlurft vorbei, daneben seine hässliche Frau. Höre ich deutsche Worte? Ich wende mich ab. Im Ausland sucht man nicht seinesgleichen. Der Polizist tritt noch immer auf seinen Linien herum. Jetzt hänge ich mich an einen kleinen Jungen, der, wo immer er auch stehen bleibt, den Boden zu seinen Füßen fixiert. Hat er genug geschaut, läuft er weiter, bleibt erneut stehen und starrt zu Boden. Welche Bilder er sieht? Welche Geschichten er aus dem Gewirr von Linien und Maserungen herausliest? Ein Schwall von Seifenblasen fliegt an ihm vorbei. Die Verkäuferinnen (es sind inzwischen vier) haben ihn als neues Opfer ausgemacht. Zwei mondäne Damen in High Heels und Miniröcken stöckeln die Straße entlang. Auf der anderen Seite des Boulevards wird eine Armada von Touristen in Rikschas geschlichtet und ab geht die Fahrt. Ein alter Mann kommt des Weges, unter seinem T-Shirt hat er ein Kofferradio um den Bauch geschnallt, das laute Musik spielt. Der Polizist kreuzt wieder meinen Blick. Diesmal bleibt er auf meiner Höhe stehen, nimmt seine Kappe vom Kopf, wischt sich den Schweiß von der Stirne und setzt seinen abstrakten Weg fort, immer den mäandernden Linien entlang. Weiter vorne fällt ein Kind der Länge nach hin. Der Polizist mit den Rollschuhen hebt es auf. Das Kind läuft glücklich zu seiner Mutter, bleibt stehen, wendet sich um und winkt dem Mann zu. Der winkt zurück. Jetzt erst sieht die Mutter zu ihrem Kind und bleibt seltsam lange (wie mir scheint) im Blick des Polizisten hängen. Eine Frau hält ihr Kind an der Hand. Der Junge trägt eine Schildkappe und gleicht einem Äffchen. Der Vater hat sich ein wenig zurückfallen lassen und tippt in seinem Handy herum. Mutter und Kind bleiben stehen. Der Vater stößt, ohne hochzublicken, das Äffchen um, sodass es hinfällt und laut zu schreien beginnt. Die Frau erschrickt und blickt vorwurfsvoll ihren Mann an. Der bemerkt den Zwischenfall gar nicht, zu sehr nimmt ihn seine andere Welt gefangen. Eine Formation von Seifenblasen zieht vorbei und lenkt den Kleinen ab. Auch bei ihm ist kein Geschäft zu machen – obwohl der Vater, im Diesseits erwachend, die Geldbörse zückt, wohl um sein schlechtes Gewissen zu beruhigen. Die Mutter ist strikt dagegen und der Verkäufertrupp zieht weiter. Ich könnte dem Leben noch stundenlang kleine, flüchtige Geschichten, abtrotzen. Die Menschenbilder, aus denen ich Essenzen vom Dasein destillieren durfte, ist Schau-Spiel in seiner klarsten Form, die nur der sieht, der zu sehen versteht. *Gustav Klimt* hat einen ähnlichen Gedanken in schönere Worte gefasst: *»Nicht nur die Schaffenden, auch die Genießenden heißen für uns ›Künstler‹. Sie sind fähig, Geschaffenes fühlend nachzuerleben und zu würdigen. Für uns heißt ›Künstlerschaft‹ eine ideale Gemeinschaft aller Schaffenden und Genießenden«.*

Eine schwarze Wolkenbank zieht über dem *Saigon River* auf. Ich laufe zum Hotel zurück, im KFC besorge ich mir noch rasch eine Ladung Hühnerflügel, für den wahrscheinlichen Fall, dass ich abends Hunger verspüre. Kaum bin ich im Hotel, öffnet der Himmel seine Schleusen. Die stereotypen Augenblicke von vorhin sind kaum eine Erwähnung wert und doch hüte ich sie wie einen Schatz. Das Leben besteht nun einmal aus scheinbar unbedeutenden Flügelschlägen. Aneinander gefügt ergeben sie das große Ganze. Der Sinn dessen ist nicht objektiv zu definieren, nur subjektiv zu erfassen. Innerhalb unseres Wertesystems müssen wir unseren Platz in der Welt suchen. Ich denke, ich habe heute Nachmittag einiges darüber gelernt.

Das Shuttle-Taxi (Phu Quoc, 18. September)

Heute Nacht war ich wieder Gast im Live-Stream eines wichtigen Fußballspieles. Es wurde um 19 Uhr MEZ angepfiffen, das entspricht ein Uhr früh vietnamesischer Zeit. Mit Mühe habe ich mich wach gehalten. Kaum hat das Match begonnen, bin ich eingeschlafen. Ich erwache: Rapid Wien hat gewonnen! Vor Freude bin ich hellwach und beginne zu packen. Heute werde ich auf eine Trauminsel fliegen: *Phu Quoc*. Ich freue mich auf ein paar ruhige Tage ohne Großstadtdschungel. Relaxen, lesen, schlafen, baden ist angesagt. Ich denke, ich habe Erholung nötig. Meine Art zu reisen ist anstrengend. Völlig auf sich gestellt ein Land zu erobern, sich den Herausforderungen des Neuen und Ungewohnten zu stellen und dazu die nötige Ruhe aufzubringen, dies alles genießen zu können … Ich freue mich auf die Ferien in den Ferien. Sie beginnen mit einem Sieg über eine spanische Fußballmannschaft: Das ist kein schlechtes Omen. In fünf Tagen bin ich zurück in *Saigon*. Die Reise ins *Mekong Delta* ist fertig geplant. Es wird dies die letzte Tour sein, die ich hier unternehme. Das Taxi ist pünktlich zur Stelle. Ich staune, wie gut alles organisiert ist – ich bin nicht der einzige Reisende. *Saigon* versinkt in der morgendlichen Rush Hour. Bis zum Flughafen: ein einziger Stau. Der Weg ist ungefähr so lange wie der von *Wien* nach *Vöslau*, allerdings führt die Route hier ausschließlich durch

Stadtgebiet. Die Straßen sind verstopft. Dennoch kommen wir vorwärts. Wahrscheinlich liegt es daran, dass wir keine Zeit bei Ampeln liegen lassen. Wie bei einem überdimensionalen Reißverschluss fügt sich Fahrzeug um Fahrzeug aneinander. Einzige Maxime: respektiere den anderen. Gemächlich geht es dahin, jeder ist gleichberechtigt – Straßenkarren, Limousine, Essensstand, Motorrad, Fußgänger, Radfahrer. Die Straßen sind drei- bis vierspurige Einbahnen. Der nicht abreißende Verkehr, auch der Querverkehr, reguliert sich wie durch ein Wunder von selbst. Ich würde es nicht glauben, wäre ich nicht selbst Teil des Irrsinns, der Methode hat. Bald sind wir am Domestic Airport. Ich zahle 150 000 VND und reiche dem Fahrer zwei 100 000-Noten. Es kommt, was kommen muss, er kann nicht wechseln. Ein Trick, den ich zur Genüge kenne. Er bedeutet mir, ich solle mich darum kümmern. Ich denke nicht daran, mein Gepäck zu verlassen. Bevor noch die Situation zu eskalieren droht, steigt der nächste Fahrgast zu. Der Chauffeur wechselt und wirft sich mit neuer Kundschaft in die Verkehrsschlacht.

Die Viet Jet – Maschine ist knallvoll. Ich bin nicht der Einzige, der übers Wochenende auf die Insel will. Nach einer knappen Stunde landen wir. Ein Blick aus dem Fenster – ich erschrecke. Eine undurchdringliche Nebelbank liegt über dem Rollfeld. Wir steigen aus, es ist, wie wenn man ein türkisches Bad betritt. Ein Traum für Asthmatiker. Bin ich nicht. Ein Taxi bietet sich an: 180 000 VND für die Fahrt. Ich lehne ab und suche den Shuttle Bus nach *Duong Don*, dem Hauptort der Insel. Vor dem Flughafen sehe ich das Zeichen für *Shuttle-Transfer*. Ein

In der Dschungelstadt
My Son, am Fuße des
Katzenzahnberges

Götterstatue im
Dschungel von My Son

Entspannen am Süd-
chinesischen Meer

Ein Morgen am Cua-Dai-
Strand im Osten von Hoi A

›Die tropische Nacht legt sich behutsam über die Welt …«, Abendstimmung am Thu-Bon-River in Hoi An

In der Tran Phu Straße in
Hoi An habe ich wieder
*»einigermaßen klar zu
sehen gelernt …«*

Das Arbeitswerkzeug
des Chronisten

Der Bau der »Japanischen
Brücke«, eines der Wahr-
zeichen von Hoi An, begann
im Jahr des Affen und endet
im Jahr des Hundes.

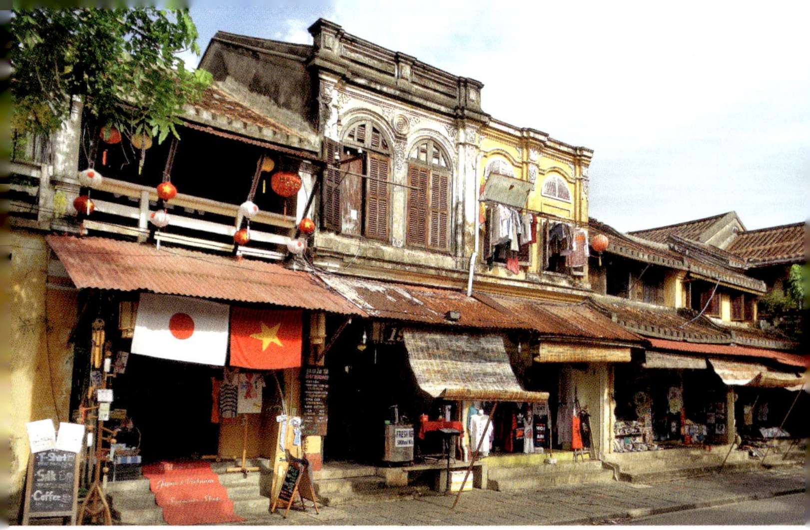
T-Shirt
Silk
Coffee

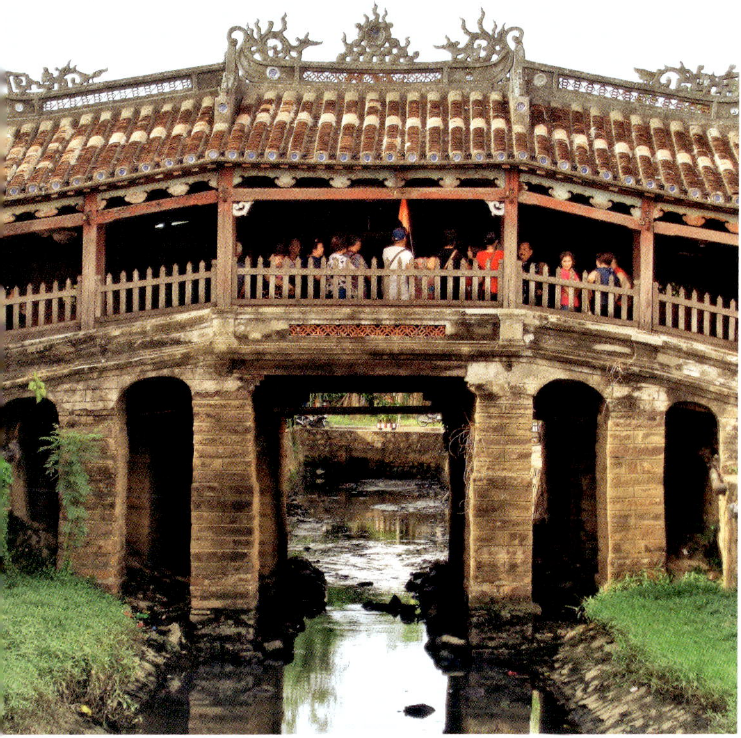

Rentner-Parade am Ufer
des Thu-Bon-Rivers

Frisches Gemüse
am Dam Market
von Nha Trang

Nha Trang ist eine Stadt der Gegensätze: Kokosnüsse für russische Sommerfrischler

Ein 14 Meter hoher Buddha wacht über die russische Enklave Nha Trang.

Süßwarenverkäufer in der
Dong Khoi Road, Saigon

Wasser kann man immer brauchen,
sogar in der Regenzeit: Ecke Truong
Dinh/Dien Bien Phu Road, Saigon

Ein Hochzeitspaar genießt
den glücklichsten Tag seines
Lebens vor der Kathedrale
Notre-Dame in Saigon.

Hochzeitsbären warten vor
der Kathedrale Notre-Dame
in Saigon auf Kundschaft.

In Phu Quoc sind die Strandliegen
noch für die Ewigkeit gebaut …

*»In Vietnam wird nichts bestellt,
was nicht mehr lebt«*, Duong
Dong, Phu Quoc

Saigon versinkt in
der morgendlichen
Rush Hour.

Überlebenskünstler
im Starkstrom-Milieu
in der »Chinesenstadt
Cholon«, Bezirk 5,
Saigon

Floating Market am
Mekong, Vinh Long

Auf dem Mekong in Can Tho

*»Von Zeit zu Zeit seh'
ich den Alten gern ...«*
Goethe, »Faust. Eine
Tragödie«, Prolog im
Himmel, Saigon

Wasserpflanzen
auf dem Mekong

Generationensprung am Ufer
des Mekong, in der Nähe des Marktes
Cai Rang

*»Die arbeitende Bevölkerung schnürt
sich die Schuhe«*, Tao Dan Park, Saigon

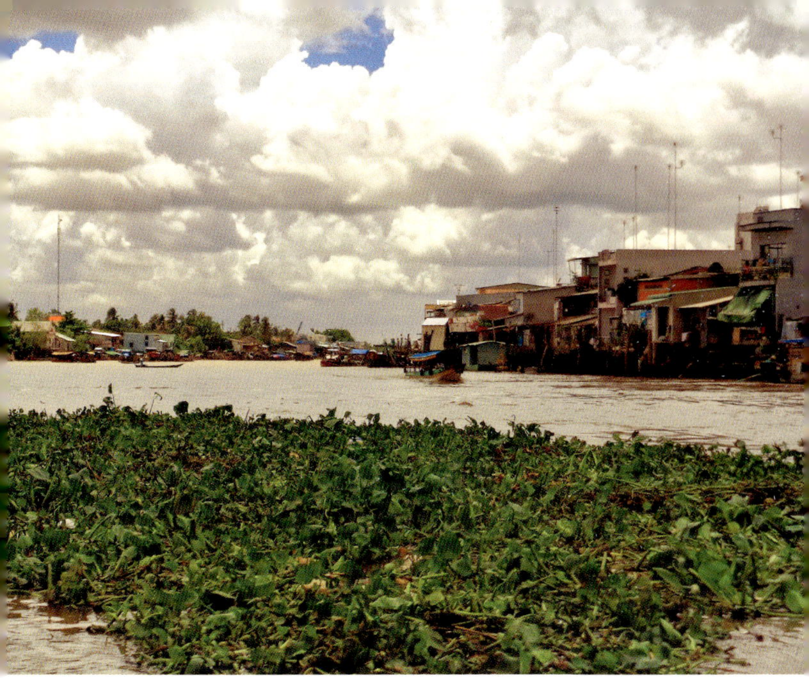

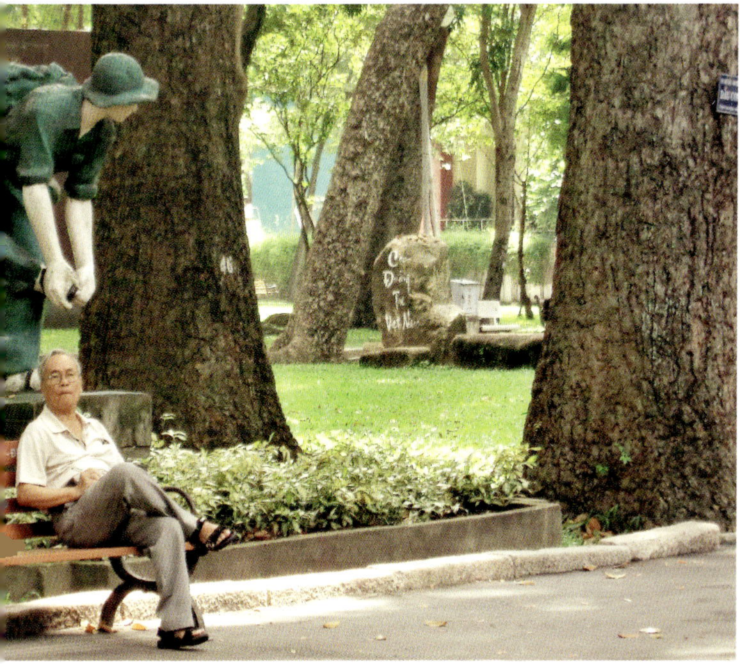

Balkonbegrünung
in der Doan Van Bo
Street, Saigon

Mann steht da. Er versteht (oder will verstehen), dass ich mich nach einem Taxi umsehe. Sofort zerrt jemand an meinem Rucksack. Ich halte dagegen. Nein, ich will kein Taxi, ich möchte per Shuttle fahren. »*Okay*«, sagt er. Ich frage nach der Abfahrtszeit, er deutet auf eine Tafel. Es gibt Shuttles in allen Preislagen. Ich bezahle den auf der Tafel ausgewiesenen Preis für die günstigste Variante von 50 000 VND und sage, dass ich das Nächste nehmen möchte, wann immer es fährt. »*Okay*«, sagt er resignierend und ruft eines der Taxis. Ich sage, dass ich den Shuttle nehmen möchte, ich habe ihn ja auch bezahlt. Er öffnet die Türe: »*That's the Shuttle!*« und bugsiert mich in den Wagen. Ich habe soeben 130 000 VND gespart. Das »Shuttle-Taxi« liefert mich in meinem Hotel, das unmittelbar an der Stadtgrenze liegt, ab. Es ist bereits Nachmittag. Die Anlage ist wunderschön, ich sehe kaum Touristen. Überfüllt ist anders. Ich richte mich in meinem Bungalow ein, esse eine Kleinigkeit und plantsche im Pool herum wie eine Ente. Inzwischen hat sich der Dunst verzogen, die Sonne liegt bleischwer über dem tropischen Garten. Gegen Abend inspiziere ich den Strand, schwimme zehn Längen im Pool und lege mich auf eine der Sonnenliegen, um endlich mein Buch zu Ende zu lesen. Kaum habe ich es aufgeschlagen, erscheint ein Schwarm Chinesen. Die Reisegruppe ist wild entschlossen ihre gute Laune auszuleben. Chinesisch ist eine Sprache, die am besten lautstark zur Wirkung kommt. Menschen dieses Landes verständigen sich meist rufend. Die Kollegen aus dem Reich der Mitte machen Party: Sie stoßen einander ins Wasser, lachen und stoßen gutturale

Laute aus, als hieße es die anderen an Lautstärke zu übertreffen. Die seltsamen Töne erinnern an *Franz Schrekers* Oper »*Der ferne Klang*«. Ich streiche die Segel, ich bin deutlich in der Minderheit. Ich möchte nach Downtown, merke, dass das Hotel doch nicht so nahe am Zentrum liegt, wie ich dachte, und, da es nach Regen aussieht, wähle ich ein Restaurant gegenüber dem Hotel. Der Wirt spricht Englisch, vor allem aber: Er kocht gut. Ich esse gebratenen Tofu mit Zwiebel, Knoblauch, Chili und trinke zwei Flaschen *Tiger Beer*. Inzwischen hat die tropische Nacht die Welt umhüllt. Ich bezahle und überquere die vielbefahrene Straße, um zu Hause ungestört zu lesen.

Am Strand! (Phu Quoc, 19. September)

Die Nacht verlief ruhig. Endlich habe ich Zeit und Muße für das schöne Buch, das ich in *Griechenland* zu lesen begann. Auf dieser Reise habe ich einfach noch nicht die nötige Ruhe gefunden, um einzutauchen in »*Das Grüne Akkordeon*«, eine Geschichte über die Suche nach Heimat und Identität. Sonnenstrahlen blinzeln durch die Fenster meines Bungalows und wecken mich. Der Pool, der Rasen davor, die Palmen – alles wie reingewaschen vom nächtlichen Regenguss. Vor meinem Häuschen: Bananenstauden, Hibiskus, exotische Nadelhölzer. Vor dem Restaurant steht eine Araukarie. Sie ist mit Lametta und Christbaumkugeln geschmückt. Noch oder schon, das ist die Frage. Ich frühstücke. Die chinesische Reisegruppe wurde sichtlich vor mir abgefertigt und hinterließ die Tische wie kleine Schlachtfelder. Darunter: Essensreste, Chop-Sticks, Servietten. Die Fräulein vom Personal ignorieren das mit asiatischer Gelassenheit. Ich weiche dem Chaos und suche einen Platz auf der großen Terrasse. Nach dem Essen will ich die Stadt erkunden, schaffe es aber nur bis zu meinem Bungalow und von da bis zum Strand. Das Meer, der Sand – alles ist zu verlockend. Ich bitte den Strandboy um eine Liege, die er mir missmutig in den Schatten zerrt. Ich möchte sie in die Sonne haben. Er schüttelt den Kopf. Die Liege ist massiv und offensichtlich nicht dafür gebaut, bewegt zu werden. Und: Es fehlt eine Auflage. Selbst ist der Mann. Beim Pool besorge ich mir eine Matratze und trage sie zum Strand – auch sie hat ein ziemliches Gewicht. Der Boy sieht mir kopfschüttelnd zu. Vor seinen Augen schleppe ich beides in die Sonne. Warum ich das selber machen muss, weiß ich nicht. Ich bin schweißgebadet, aber der Vormittag ist gerettet. Ich genieße das angenehm kühle Wasser, den schönen Strand (außer mir sind noch zwei russische Paare anwesend) und den Pool. Ich ziehe zehn Längen, lege mich danach wieder ans Meer. Das Mittagessen nehme ich auf der Terrasse zu mir. Es schmeckt nach Schonkost. Vielleicht bin ich auch deshalb alleine hier. Das Personal verweigert die englische Sprache. Bin ich untertags, außer den Russen, tatsächlich der einzige Gast in diesem Hotel? Mir kommen erste Zweifel. Das Hotel wirkt wie einer dieser DDR-Kästen, die alles hatten, nur eines nicht: Gäste. Den Nachmittag will ich lesend am Pool verbringen. Die chinesische Gruppe erscheint wieder und nimmt die Anlage in Beschlag. Es folgt die obligate Schreierei. Die Männer spucken, niesen, schniefen. Ich lese keine Zeile. Übermütig wie junge Hunde springen sie sich an und tauchen einander unter. Die Wasseroberfläche brodelt als wäre es ein Becken voller Piranhas. Ich überlege den Rückzug. So plötzlich sie auftauchten, so schnell sind die Typen wieder weg. Beunruhigend nur, dass sie in meinen Nebenbungalow verschwinden. Kaum sind die Chinesen weg, schlage ich »*Das Grüne Akkordeon*« wieder auf. Nach einer halben Seite höre ich Russisch: Die Kollegen vom Strand. Ich lege das Buch endgültig zur Seite und wandere in die Stadt. Unterwegs kaufe ich eine Flasche kubanischen Rum, für den Fall, dass die Chinesen später wieder Radau machen und ich eine Betäubung brauche.

Ich marschiere die glühend heiße Straße entlang bis nach *Duong Dong* (mit meinem Proviant ein leichtes). Unterwegs setze ich mich an den Strand und beobachte den Sonnenuntergang. Die Sonne versinkt wie ein großer, roter Ball im Meer. Es ist jedes Mal zum Sterben schön. Ich durchquere den Nachtmarkt, gelange zu einem endlos langen Kai und gehe bis an sein Ende, zum Leuchtturm. Hier draußen ist es angenehm kühl. Unterwegs zünde ich ein paar Räucherstäbchen in einem chinesischen Tempel an. Die Schreine sind herrlich theatralisch: Farbenfroh, bunt, ein bisschen wie Kinderfasching. In einem der zahlreichen Fischrestaurants bestelle ich Garnelen und Jakobsmuscheln. An den Ständen stehen große Bottiche und Aquarien, in denen Schlangen, Muränen, Tintenfische und Kraken schwimmen und auf Erlösung hoffen. In *Vietnam* wird nichts bestellt, was nicht mehr lebt. Die Aquarien sind übereinander gestapelt, die Verkäufer hüpfen auf und ab, von einem zum anderen, wie die Pinguine. Jeder hält einen Käscher in der Hand um die Bestellungen herauszufischen. Ich habe noch nie bessere Meeresfrüchte gegessen. Ein Hund bettelt um Abfälle. Es ist eine einheimische Rasse, am Rücken befindet sich ein schmaler Streifen mit gegenläufigem Fell. Diese Hunde verfügen über einen sagenhaften Geruchssinn. Sie wittern ihr Herrchen über einen Kilometer weit. Das Geheimnis könnte sein: In *Phu Quoc* gibt es riesige Fischsaucenfabriken, die einen Großteil des südlichen *Vietnams* beliefern. Die Sauce hat einen besonders intensiven Geruch. Da beinahe jeder hier in einer dieser Fabriken arbeitet, könnte das den Geruchssinn der Tiere erklären. Den Nachtmarkt, den es praktisch in jedem noch so kleinen Städtchen Südostasiens gibt, kann man sich wie einen großen Straßenheurigen vorstellen: Essensstände, Souvenirläden und jede Menge Menschen. Nur der Wein ist der Auslasser, wenn es überhaupt welchen gibt, ist er über die Maßen teuer. Kein Wunder, hat doch jede Flasche eine weite Reise hinter sich: Südamerika, Chile, Australien. Ich gehe die endlos lange Straße durch die stockfinstere Nacht zurück zu meinem Hotel. Die Sterne und mein flüssiger kubanischer Begleiter weisen mir den Weg.

Das Lama (Phu Quoc, 20. September)

Aus unerfindlichen Gründen ist die Telefonleitung nach Europa tot. Auch das Internet funktioniert nicht. In einem der Fernsehsportkanäle sehe ich mir ein altes Fußball-match der englischen Premier League an, das sie seit Tagen in Endlosschleife wiederholen. Auf Grund der fehlenden Verbindung in die Heimat aberkenne ich der Hotelleitung den 4. Stern. Später kämpfe ich mich durch die chinesi-schen Essensreste im Frühstücksraum (der nächste Stern) und bestelle aus Protest ausschließlich Früchte. Ich weiß nicht, wo diese Massen an Touristen so früh am Morgen herkommen, die das Restaurant in eine Mülldeponie ver-wandeln. Untertags sieht man sie nicht. Ich lege mich an den Strand. Die tonnenschwere Liege steht noch dort, wo ich sie gestern zurückgelassen habe. Irgendwann wird es mir zu heiß (Sonne) und zu laut (Russen) und ich ziehe mich in Richtung Pool zurück, wo ich meine zehn Längen durchziehen will. Ich bin nicht alleine im Wasser. Ein jun-ger Mann steht da und schnäuzt und spuckt völlig unge-niert in hohem Bogen auf den Beckenrand. Ich fasse mir ein Herz, ziehe einige Male kräftig auf und imitiere gewal-tige Spuckgeräusche. Das Lama sieht zu mir herüber, hebt seine Augenbrauen und verzieht sein Gesicht zu einem unergründlichen Lächeln. Erkennt er in mir einen Gleich-gesinnten? Bevor der Typ noch zur Revanche ansetzen kann, bin ich aus dem Wasser und wieder unterwegs zum

Strand. Da, wo ich liege, streicht ein unangenehmer Geruch um meine Nase. Warum fällt mir das erst jetzt auf? In Strandnähe befindet sich eine Klosettanlage und je nach Wind erreicht mich ein Geruch, der mir den restlichen Humor nimmt. Langsam verliere ich die Geduld und beschließe, mir nichts mehr schön zu riechen (noch ein Stern weniger). Aus Protest breche ich den Vormittag ab und begebe ich mich in Richtung Schonkost. Am Nachmittag wage ich mich wieder an den Pool. Ich bin beruhigt jetzt »nur« die Russen anzutreffen. Die Freude währt nicht lange, unmittelbar darauf nehmen die Chinesen das Becken komplett in Beschlag und – sie scheinen alle unter einem Mordsschnupfen zu leiden. Die Sache wirkt kurios, weil die Russen das alles apathisch hinnehmen. Ihr Verhalten gegenüber der chinesischen Nation ist ja seit jeher rätselhaft und nur aus gegenseitigem Besitzanspruch erklärbar. Ich resigniere und flüchte zur Abwechslung an den Strand – auch, weil mir gerade auffällt, dass neben mir ein Aschenbecher steht, der offensichtlich schon seit Tagen nicht ausgelehrt wurde. Ich hatte den beißenden Nikotingeruch gar nicht wahrgenommen, weil mich das Schniefen und Spucken der Chinesen zu sehr in Anspruch genommen hatte. Am Strand ist alles gut, nur dass es zu dämmern beginnt und der Wind auffrischt. Ich beende trotz aller Widrigkeiten »*Das grüne Akkordeon*«. Ein schönes, melancholisches Buch, voll von Träumen, Enttäuschung und Grausamkeit, das uns die wunderbare Autorin *Annie Proulx* geschenkt hat. Eine Geschichte zu beenden heißt Abschied nehmen. Schweren Herzens lasse ich die Odyssee des grünen

Akkordeons mit seinen neunzehn polierten Perlmuttknöpfen, die von den Docks in New Orleans durch ganz Amerika führt, zurück und schlage ein neues Kapitel auf: Die Geschichte eines jüdischen Kindes während und nach dem Holocaust in Palästina, geschrieben von *Amos Oz.*

Jenseits der langen, staubigen Straße, die Verbindung des Inselsüdens mit der Hauptstadt *Duong Dong,* habe ich ein Restaurant entdeckt, dessen Besitzer mir sehr sympathisch ist. An diesem Ort der Seltsamkeiten ist das sehr viel. Am Nebentisch sitzt eine junge vietnamesische Familie. Vater und Mutter sind kaum volljährig – ihr Kind ist einer dieser klassischen Wonneproppen: Kugelrund und kerngesund. Der Vater füttert den Kleinen. Mehr als ein paar Reiskörner pro Bissen nimmt der Proppen nicht mehr zu sich (wahrscheinlich geht einfach nichts mehr rein). Dennoch sperrt er seinen Schnabel immer wieder wie ein Spatzenjunges auf, während der Herr Papa völlig in seinem Fütterungsprogramm aufgeht – lautstark kommentiert er das Ergebnis des jeweils letzten Bissens. Die Mutter starrt wie paralysiert auf die Prozedur. Der Protest des Kleinen wird immer heftiger. Ich kann mich kaum auf mein Essen konzentrieren, so sehr nimmt mich dieses entwürdigende Schauspiel gefangen. Die Szene endet wie sie enden muss: tränenreich. Die Mutter schmeißt die Nerven weg, reißt das Kind an sich und verlässt das Lokal. Verwirrt trabt der Vater seiner Familie nach. Eine nächtliche Diskussion über das Aufzuchtprogramm wird folgen. Sie überqueren die Straße und verschwinden in meinem Hotel. Oh mein Gott, das auch noch!

Der alte Fisch (Phu Quoc, 21. September)

In der Nacht gehe ich schwimmen. Neumond, Palmen, spiegelglattes, kühles Wasser. Das Leben ohne Chinesen kann schön sein. Ich habe Sehnsucht nach zu Hause. Die Hotelanlage erscheint, bis auf den Frühstücksraum, der jetzt wohl generalgereinigt wird, verlassen. Aus einem der Bungalows hört man ein Kind schreien, nebst aufgeregten Stimmen von Erwachsenen … Von den spuckenden Ungeheuern ist zum Glück nichts zu sehen und zu hören. Ich verstehe nicht, wohin sie sich verkriechen, wenn sie mich nicht gerade kollektiv überfallen. Ich genieße die Stille und begebe mich, zur guten Laune entschlossen und versöhnt mit meiner kleinen Welt, zu Bett. Ich träume von einem Spatzenjungen, das vom Spatzenvater mit Würmern vollgestopft wird, zwischendurch erscheint Gorbatschow, dem von einem Chinesen ein springendes Männchen auf die Stirne gestempelt wird, wobei er so laut niest, dass dem Spatzenjungen vor Schreck die Würmer aus dem Schnabel fallen. Niesen und laute Schniefgeräusche aus dem Nebenbungalow wecken mich. Erst nach langer Zeit schlafe ich wieder ein, nach der x-ten Wiederholung eines Premier-League-Fußballmatches vom vergangenen Monat.

Der Frühstücksraum ist leer, bis auf die Russen. Ich gehe an den Strand. Heute steht die Liege nicht an ihrem Platz. Ich zerre sie in die Sonne – sie wurde wirklich für die Ewigkeit gebaut. Ich kann das nicht ganz nachvollziehen, wo doch die Zukunft der Menschheit, zumindest nach Meinung von Futurologen, in ein zunehmendes Chaos, später zu ihrem sicheren Ende führt und alles andere überlebenswichtig sein wird, nur nicht Sonnenliegen. Ich schaffe das Monstrum dorthin, wo ich es hinhaben will, beschließe mich nicht weiter mit dem seltsamen Verhalten von Lemmingen zu befassen und lese den ersten Satz des schönen Buches von *Amos Oz*: »*Geboren und aufgewachsen bin ich in einer kleinen, niedrigen Erdgeschoßwohnung von etwa dreißig Quadratmetern.*« Der kleine Junge Amos nimmt mich an der Hand und entführt mich ins *Jerusalem* der Vierziger-Jahre. Wie oft wollte ich schon nach *Israel* reisen, in das Land, in dem mein Onkel Zuflucht vor den Nazis gefunden hat. Fast alle seine Freunde sind inzwischen tot. Auch er. Er war gut zu mir, der Verlust tut mir immer noch weh. Seite um Seite lerne ich Amos' Verwandtschaft kennen. Das Meer ist heute angenehm kühl. Später versuche ich mein Glück im Pool. Ich bin allein, ziehe mein Sportprogramm durch, esse im Restaurant zu Mittag und lege mich kurz hin. Den Nachmittag verbringe ich wieder am Pool, schwimme und genieße die Ruhe. Kein Mensch erscheint auf der Bildfläche. Es ist achtzehn Uhr und die Dunkelheit umfängt mich. Ich mache mich auf den langen Weg in die Stadt. Auf dem Nachtmarkt setze ich mich ins erstbeste Fischlokal und bestelle – was schon: Fisch. Verdächtig schnell liegt er vor mir auf dem Teller. Der Typ hat seine beste Zeit hinter sich. Ich weiß wie frischer Fisch schmeckt, aber dieser hier ist schon lange raus aus dem

Wasser. Nicht dass er verdorben wäre, aber frisch ist anders. Ein Verdacht beschleicht mich: Vor den Augen der Gäste wird ein prächtiges Exemplar aus dem Aquarium gekäscht, verschwindet in Richtung Küche und endet mitnichten in der Pfanne. Über einen geheimen Schleichweg landet der Kerl wieder in seiner gewohnten Umgebung, dem Aquarium. Der Vorzeigefisch hat seine Dienstreise hinter sich und wartet auf den nächsten großen Auftritt. Seinem Double, dem älteren Kollegen hingegen geht's an den Kragen. Ich bezahle nicht gerne für einen alten Fisch, die Spitzfindigkeit des Wirtes allerdings ist mir das Geld wert. Zu Hause mache ich noch kurz in der Lobby des Hotels Station und schreibe diese Zeilen. Alles hier wirkt wie ausgestorben. Kein einziger Chinese lässt sich blicken, noch weniger hören. Auch kein Russe. Sie werden doch nicht abgereist sein? Später schwimme ich noch ein paar Längen im Pool. Danach lege ich mich nieder. Im Fernsehen spielen sie ein Fußballmatch. Mittlerweile sehe ich es zum fünften Mal.

Zu früh gefreut! (Phu Quoc, 22. September)

Geweckt hat mich das obligate Niesen im Nebenbungalow. Wutentbrannt stürme ich aus dem Zimmer. Hinter mir fällt die Türe ins Schloss, der Schlüssel steckt von innen. Egal. Nach dem Frühstück werde ich ohnehin den Bungalow wechseln. Das Restaurant ist leer. Bin ich später dran als meine asiatischen Freunde? Der Boden gleicht einem Schlachtfeld. Wie früh bitte essen die? Servietten, Essensreste, Sticks, alles liegt wieder unter den Tischen. Das Personal ist anwesend, scherzt, ist guter Dinge. Die Mädchen stehen an der Bar und würdigen mich keines Blickes. Ich organisiere mir Kaffee, einen untrinkbar süßen Fruchtsaft, kicke ein paar Servietten unter den Tisch und nehme Platz. Dann hole ich mir Gemüsereis, aber der Reis ist tiefgefroren, er gleicht einem Zementblock. Mit kuchenverschmierter Gabel angle ich nach ein paar Obstbrocken. Das russische Paar erscheint. Es nimmt mich wunder, wie die beiden auf das Chaos reagieren werden. Die Frau übersteigt ungerührt einen Serviettenhaufen, worauf das Wunder geschieht und eines der Mädchen einen Besen zur Hand nimmt und das Ganze wegkehrt – unter den Tisch. Die Russen versuchen sich's hübsch zu machen. Er rafft mit Heldenmut und bloßen Händen Essbares an sich, während sie liebevoll Besteck und Teller positioniert. Längstens am Toaster resigniert der Mann. Es gelingt ihm zwar zwei klebrige

Scheiben Toastbrot zu trennen und in das Gerät einzulegen, aber der Toaster ist so schwach, dass er die Weißbrotscheiben nur wärmt anstatt sie zu rösten. Sie bleiben was sie sind: Zwei fahle, erst vor Kurzem aufgetaute, matschige Weißbrotscheiben. Der junge Mann klatscht die beiden Teigpampen auf den Tisch (unter dem sich nach wie vor der Unrat befindet). Ich ertrage diese touristische Demütigung nicht, sehe das Ende der zivilisierten Welt vor mir und will es wissen: Ich wuchte einen Block eiskalten Klebreis auf meinen Teller, gieße Schweinefleischsaft (ebenfalls kalt) darüber und verreibe das Ganze mit bloßen Händen auf dem Tischtuch. Den Rest kippe ich unter den Tisch. Die Mädchen an der Bar zucken nicht einmal mit den Wimpern, sie sind daran gewöhnt.

Draußen sind zwei Hotelboys damit beschäftigt, die Wände des Pools zu reinigen. Sie stehen im Wasser, schrubben was das Zeug hält und – niesen unaufhörlich. Ich sehe fassungslos zu, wie einer der beiden ins Wasser zu spucken beginnt. Er grüßt mich und lächelt. Angewidert wende ich mich ab und gehe zu meinem Bungalow. Ach ja, der Schlüssel. Ich begebe mich zur Rezeption und bitte um einen Nachschlüssel. Auch daran scheitere ich, weil mir versichert wird, die Mädchen seien gerade am Reinemachen. Ich sage: »*Nein, sind sie nicht!*« Die unfreundliche Dame taucht ab ins Büro. Hier kann ich keine Hilfe erwarten. Ich fühle mich alleine wie schon lange nicht und stapfe wütend zurück zu meinem Zimmer. Nach zwanzig Minuten schließt eine apathisch wirkende Frau meinen Bungalow auf. Währenddessen beobachte ich die beiden Spucker im Pool – und die vermeintlich abgereisten chinesischen Nachbarn, die gerade ihre Wäsche auf Bäumen und Sträuchern im Garten zum Trocknen verteilen. Gott, hast du kein Erbarmen! Oder Buddha. Oder wer immer. Jetzt rücken die Chinesen auch den Pflanzen zu Leibe, mit bloßen Händen beginnen sie kleine Palmen auszugraben und verstauen sie in Plastiksäckchen. Einer lächelt blöde, der andere spuckt und winkt mir zu: »*Morning, Sir!*«. Ich rette mich in meine nunmehr geöffnete Hütte. Ich will alleine sein. Andrerseits könnten die Ausgrabungen auf die bevorstehende Abreise meiner Nachbarn hindeuten. Ich flüchte an den Strand. Heute ist das Meer, wie könnte es anders sein, schmutzig. Haben die Reisegruppen hinter meinem Rücken ihren Müll ins Meer gekippt? Ich gehe, alternativlos, zum Pool. Die beiden Boys haben ihre Arbeit beendet und ich ziehe todesmutig meine Längen. Dabei denke ich an einen schönen Satz, den ich soeben in *Amos Oz'* Buch gelesen habe. »*Wenn du keine Tränen mehr zum Weinen hast, wenn du keine Tränen mehr hast – dann lache!*«. Ich lache und begebe mich auf die andere Straßenseite zum Essen. Vor dem Hotel steht ein großer Reisebus, drinnen sehe ich alle meine chinesischen Freunde mit Plastiksäckchen in der Hand. Gott hat mein Gebet erhört. Oder Buddha. Oder wer immer. Kaum habe ich Platz genommen, fährt der Bus auch schon ab. Habe ich mich getäuscht oder haben mir einige von ihnen zum Abschied zugenickt? Ich bestelle Frühlingsrollen, gefüllt mit Reisnudeln und Gemüse. So steht es zumindest auf der Speisekarte. Am Nebentisch grüßt eine chinesische Familie. Ich grüße zurück. Ist es eine Falle? Der erste beginnt prompt zu niesen. Ich bekomme das Ergebnis ab und beiße in die Frühlingsrolle: Schweinefleisch. Ich reklamiere, doch der Patron erklärt mir lächelnd, dass auf der Karte nur vermerkt ist, was *zusätzlich* zum Fleisch in die Rolle eingearbeitet ist. »*Irgendwie glaube ich, dass das heute nicht mein Tag ist*«, sage ich ihm auf Deutsch. »*Wenn es vielleicht deiner ist, meiner ist es nicht.*« Ich ziehe mich in meinen Bungalow zurück. Eine SMS aus der Heimat. Ich bin nicht alleine!

Am Nachmittag ist das Hotel wie ausgestorben. Ich halte den Atem an und lausche in die Stille hinein. Jetzt wird alles gut. Ich wage mich an den Pool. Die ersten Tropfen. Kurz danach setzt ein Tropenregen ein. Ich betrachte das als eine kreatürliche Reinigung und plantsche laut lachend im Wasser herum wie Gene Kelly, der Amerikaner in Paris. Kurz danach wird auch das unmöglich. Eine Wasserwand tut sich auf. Ich fliehe. Jetzt kann nur mehr Oz' »*Eine Geschichte von Liebe und Finsternis*« helfen. Wer je über die jüdische Seele Bescheid wissen will, muss dieses Buch lesen. Ich verliere mich in den Zirkeln von *Odessa, Wilna* und *Jerusalem*. Ich wohne Gesprächen von Rabbinern und Philosophen über Zionismus bei, über die hebräische Sprache. Der Autor beschreibt dies alles so verschmitzt und geistreich, dass man nicht genug kriegt vom jüdischen Leben des beginnenden zwanzigsten Jahrhunderts. Plötzlich geht das Licht aus. Ich gehe hinunter an den Strand. Angenehm kühl ist es jetzt. Der Regen hat nachgelassen. Die Welt ist wie frisch gewaschen. Ich sitze unter einem Strohschirm und lese weiter. Erneut versinke ich in Onkel Alexanders

Welt. Er hat die Flucht nach *Israel* knapp geschafft. Es beginnt zu dämmern. Ich probiere heute Abend ein anderes Restaurant aus. Ein europäisches Paar schleppt Blumentöpfe vor ein unbeleuchtetes Lokal. Erfüllen sich alternative Auswanderer hier ihren Lebenstraum? *Phu Quoc* wird noch einige Zeit brauchen um an internationale Standards anzuschließen. Vielleicht muss es das aber auch gar nicht. In diesem Restaurant gibt es Besteck und – es ist sauber. Auf der Karte steht: Schnitzel, Hamburger, Bruschetta. Träume ich? Ich bestelle Bruschetta mit Tintenfisch und Zitronengras. Einfach so, zum Spaß. Neben mir zündet die Kellnerin Räucherstäbchen an, kniet vor einen kleinen Altar hin und versinkt zwischen den Tischen in Andacht. Nach Europa ist es also doch noch weit. Das Essen kommt. Es ist vorzüglich. Na bitte, es geht ja! Gegenüber, vor dem Hotel, parkt ein großer Reisebus und lädt eine Ladung chinesischer Touristen ab. Schnurstracks verschwinden sie in meinem Hotel. Zu früh gefreut!

Ein Sack voller Perlen
(Phu Quoc, 23. September)

Heute ist es ein Monat her, dass ich meine alte Welt verließ. Ich habe eine andere gesucht. Und ich habe sie gefunden. Ich habe Dinge gesehen, die ich nie zuvor gesehen hatte. Das verrückte *Hanoi*, Onkel Hos tausendjähriger Schlaf, die Militärparade, das *Wasserpuppentheater*, die telefonierende Alte im *Jackson-Pollock*-Gemälde, die Wahnsinnsmotorradfahrten, die Sintflut im nächtlichen *Hanoi*, der Nachtmarkt im *Alten Viertel*, die Tai-Chi-Künstler am *Hoa-Kiem-Lake*, die *Ha-Long-Bay*, die Bahnfahrt nach *Hue*, die Theatervorstellung im *Kaiserlichen Palast*, die *Grabmäler der letzten Kaiser*, der *Wolkenpass*, die Besteigung des *Marmorberge*s, das zauberhafte *Hoi An*, die Glücksbringer am *Hoi-An-River*, die versunkene Dschungelstadt *My Son*, die russische Invasion von *Nha Trang*, die Wolkenkratzerstadt S*aigon*, das *Kriegsrestemuseum*, die Rache des *Jadekaisers*, die seltsame Insel *Phu Quoc* mit ihren chinesischen Schlachtenbummlern. Dass ich dies alles und noch so viel mehr erleben durfte, dafür bin ich unendlich dankbar. Ich bin seit einem Monat täglich vierundzwanzig Stunden mit mir alleine. Eine Erfahrung, die ich noch nie gemacht habe. Ja, es ist mühevoll von A nach B zu kommen, wenn man fremd ist. Indem ich schreibe, mache ich mir vieles bewusst. So teile ich das alles mit dir – mit dem Unterschied, dass du es zeitversetzt erlebst. Aber es ist unsere gemeinsame Reise.

Noch bleibt mir eine Woche Zeit. Ich werde nach *Saigon* zurückreisen, werde *Cholon*, die alte Chinesenstadt besuchen und den *Mekong* befahren.

Heute regnet es, gleich darauf zeigt sich die Sonne. Ich liege am Strand, später am Pool. Jetzt, da ich dies schreibe, sitze ich in meinem Lieblingsrestaurant gegenüber und ein feiner Sprühregen benetzt die Welt. Ich zahle, gehe, gesättigt vom guten Essen, zurück zum Bungalow (ich habe ihn immer noch nicht gewechselt) und möchte ein bisschen schlafen. Nein, schlafen kann ich jetzt nicht. Eine Gruppe junger Touristen macht Party im Restaurant. Um wie viel lieber mir das fröhliche Geschnatter ist, als der Dauerschnupfen meiner abgereisten Freunde. Ich ziehe das Fitnessprogramm durch und verbringe den Rest des Tages lesend am Pool. Dann gehe ich in die Stadt. Ich habe noch eine Mission zu erfüllen, eine Besorgung, etwas Spezielles: Perlen. »*Geboren im Meer und großgezogen durch die Sonne*«, das Produkt ist ein Wunder der Natur. Mir gefallen die Ketten, die mir vorgelegt werden nicht. Sie sind zu eng geknüpft. Aber ich habe eine Idee. Ich werde die Perlen einzeln mitnehmen, um sie in *Wien* knüpfen zu lassen. Ich entscheide mich für eine Kette, deren Länge meiner Vorstellung entspricht. Die Verkäuferin versteht mich nicht, als ich sie bitte das Collier Perle für Perle zu lösen. Sie war wohl noch nie mit einem derartigen Wunsch konfrontiert und sieht mich dementsprechend entgeistert an. Ohne lange zu verhandeln nehme ich eine Schere und zerschneide die Kette. Die Verkäuferin greift zum Telefon, gleich darauf betritt ein resoluter Herr das Geschäft. Auf dem Verkaufstisch liegen genau siebenundvierzig Perlen. Ich packe die Dinger in meinen Sack, verlasse rasch den Raum und werfe den beiden über die Schulter ein lässiges »FF – *Viel Vergnügen!*« zu. So und nicht anders gehörte sich das, als ich noch in zahllosen Gangsterrollen in »*Kottan ermittelt*«, »*Trautmann*«, »*Glockner*« oder »*Tatort*« auftrat (ich brauche wohl nicht zu sagen, dass ich zum Unterschied zur damaligen Fiktion in der heutigen Realität meine »Beute« bezahlt habe). Dennoch bereitet es mir diebisches Vergnügen in zwei authentisch ratlose Gesichter zu sehen. Später im Hotel mache ich mich über meinen Schatz her. Dabei fallen mir die Perlen aus der Hand und verteilen sich über den Boden des Bungalows. Von draußen höre ich eine Polizeisirene. Auf allen Vieren krieche ich in der Hütte umher und sammle hastig die Perlen ein. Ein Polizeiauto rast heran und bleibt mit quietschenden Reifen stehen. Autotüren schlagen auf und wieder zu. Aufgeregte Schritte. Jemand reißt die Türe auf und die Herren Schremser und Schrammel erscheinen im gleißenden Gegenlicht. Geistesgegenwärtig pariere ich den Angriff einer Krücke, die jemand in meine Richtung schleudert. In der Türe taucht die dürre Gestalt des Kommissars auf: »*Herr Zartl, ich verhafte Sie im Namen des Gesetzes – mir is des jetzt wurscht!*«. »Danke. Gut war's. Drehschluss!«. Peter Patzak winkt lässig ab und steckt sich eine Zigarette an. Peter Vogel schlurft mit hochgezogenen Schultern in Richtung seiner Garderobe, ich gebe Walter Davy die Krücke zurück und Curt A. Tichy schaut traurig wie ein Dackel, weil er die Szene nicht noch einmal wiederholen darf. Der Requisiteur kriecht auf dem Boden umher und sammelt die restlichen Perlen auf. Hinter der Kamera taucht das strenge Gesicht von Erni Mangold auf: »*Schlafen gehen, Burli – kriegst a Kreuzerl auf die Stirn und dann wird gebetet.*«

Laute Musik bringt mich zurück in die Gegenwart. Beim Pool wird ein Buffet aufgebaut. Heute Abend geht hier die Post ab. Party ist ja wenigstens mal was Neues hier. Zu Abend esse ich im selben Lokal wie gestern. Jetzt erst merke ich, wo ich gelandet bin. Nürnberger Bratwürstchen, Sauerkraut, Kartoffelpüree: Die deutsche Meile. *Phu Quoc* bereitet sich auf die Invasion vor. Um ihr zuvor zu kommen esse ich noch schnell Meeresfrüchte, reichlich Chili und das Ganze wird mit *Saigon Red* und einigen kräftigen Zügen von *Rhum Chauvet* (meine neue Lieblingsmarke) hinuntergespült. Ich verlange die Rechnung. Am Nebentisch sitzt eine vietnamesische Familie und isst, ich traue meinen Augen nicht, Pizza. Soll ja, muss ja. Ich bestelle auch eine kleine, runde Schweinerei und dazu noch mehrere *Saigon Red*. Im Hotel machen sie Party, in Wien wird Geburtstag gefeiert und ich, ich hocke auf einer kleinen Insel im *Golf von Thailand*, über mir der Mond, im Herzen eine schöne Frau und meine Sehnsucht verliert sich in der Weite des silbrig glänzenden Ozeans. Ereignisse, die keine kausale Entsprechung haben und die ich doch miteinander verknüpft und aufeinander bezogen wahrnehme – wenn auch mehr und mehr undeutlich, durch eine immer dichter werdende Nebelbank von Alkohol.

Die Party (Phu Quoc, 24. September)

Die Party hat bis in die frühen Morgenstunden gedauert. Draußen war es schon hell. Wer sind die Typen? Perlenfarm-Azubis, Studenten der Geomantik oder Nachwuchsführungskräfte in der Tourismusbranche? Als ich zum Frühstück komme, haben das die jungen Leute schon hinter sich und vergnügen sich im Meer. Gut so. Hauptsache niemand niest. Am Strand werden Gruppen gebildet und verschieden farbige T-Shirts verteilt. Animateure, mit Megafonen bewaffnet, machen Stimmung. Abwechselnd wird »*In Viererreihen Anstellen*«, »*Hinfallen*« und »*In der Reihe sitzen*« geübt. Riege für Riege, wird das alles festgehalten: »*Jubeln*!«. Knips. »*Victory!*«. Knips. Die Kursteilnehmer bilden Gruppen und werden in Sportposen abgelichtet: »*Menschliche Pyramide*«, »*Mannschaftsbild*«, »*Turnriege*«. Das Leben ist schön! Für heute schreibe ich meine Strandidylle ab und begebe mich in die Diaspora des Pools. Dort absolviere ich ein paar Fitness-Längen und lese ein bisschen. Ich gehe zum Bungalow um das Wort »*Aschkenasim*« zu googeln. Nachricht aus der Heimat. Ich antworte. Du. Ich. Du. Ich. Du. Dann lege ich mich wieder an den Pool, kann mich aber kaum auf die Bräuche *askenasischer Juden* konzentrieren, die gute Laune der jungen Leute ist bis hierher zu hören. Inzwischen werden unten am Strand Plastikeimer positioniert, darin eine Menge langer, bunter Trinkhalme.

Begleitet vom Tarzan-Gebrüll der jungen Männer und aufgepeitscht von den Animatoren geraten die jungen Tourismus-Fachkräfte nun vollends außer Rand und Band. Jetzt erobern sie wie auf ein geheimes Zeichen (ich hätte mich gewundert, wenn nicht) den Pool. Aus allen Ecken und Enden der Anlage strömen sie herbei, mit Handtüchern bewaffnet. Ich mache mich lautstark bemerkbar, sonst würde ich unter dem Ansturm auf die Poolliegen begraben werden.

Alle neu Eintreffenden werden hysterisch begrüßt. Der Phonpegel schnellt nochmal in die Höhe als die Animatoren eintreffen. Die Megafone werden eingeschaltet. Jetzt ist Süßwasser-Action angesagt, das »Wassern« beginnt: Burschen werfen kreischende Mädchen ins Becken, ein mir schwer nachvollziehbarer Badespaß. Immer mehr zur guten Laune Entschlossener treffen ein, irgendwo scheint ein unerschöpfliches Reservoir zu sein. Das Wasser gleicht inzwischen einer brodelnden, kochenden, von Millionen Fröschen bewegten Oberfläche. Auf einen schrillen Pfiff des Oberkommandos stellen sich die jungen Menschen im Pool nach Größe geordnet auf und lauschen den Instruktionen für den bevorstehenden Wettkampf. Die Spielregeln scheinen nicht einfach zu sein, die Einführung dauert lange. Jetzt geben die Instruktoren wirklich Gas. Die Meute tobt. Längstens zu diesem Zeitpunkt resigniere ich und lege die *Aschkenasim* zur Seite. Ich habe alle Hände voll zu tun, dass ich meinen Platz behaupte, Hotelboys schieben die Liegen zu einer Art Bühne zusammen und decken sie mit Tüchern ab. Hier bahnt sich Großes an. Lautsprechertürme werden herangekarrt, als Bühnenabschluss wird ein großes Transparent installiert. Die Küchenmannschaft ist indes auch nicht untätig und baut ein Buffet auf. Darauf, als Schmuck: Girlanden, bunte Tücher, Deko-Material. Tische und Stühle werden in Position gerückt. Meine Liege-Position wird immer unhaltbarer, aber noch will ich dem physischen Druck nicht weichen. Der Wettkampf im Bassin beginnt. Ein nochmaliger Pfiff löst einen Tsunami aus. Ein Staffel-Wettbewerb nimmt seinen spannenden Lauf, meine kleine private Trainingsbahn wird zur Rennstrecke. Die Hotelanlage erzittert. Spätestens jetzt beginnt mir der Wahnsinn zu gefallen. Ich beobachte die Kursteilnehmer. Angespannte, glutrote Gesichter, die mich an *Munchs »Der Schrei«* erinnern: Offene Münder, schreckgeweitete Augen, eingefallene Wangen, die Arme hoch in die Luft geworfen – weg mit den Hemmungen! Die Konkurrenz endet in grenzenlosem Jubel.

Ich weiß nicht welche der beiden Parteien gewonnen hat, sie wahrscheinlich auch nicht, hier herrscht das Prinzip der olympischen Teilnahme. Aber das Programm ist mitnichten zu Ende. Ein Ball wird gesucht. Das Wasserball-Match beginnt. Jeder Schuss aufs Tor wird gefeiert. Da ich in der Schussbahn liege, bin ich als Balljunge auserkoren und darf die das Bassin verlassenden Spielgeräte wieder ins Areal zurückkicken. Eine Tätigkeit, der ich mit Begeisterung nachkomme – zumal auch ich ab nun freundlich beklatscht werde. Die nicht involvierten Hotelgäste suchen längstens jetzt das Weite und auch ich nehme mich aus dem Spiel. Das ist der Zeitpunkt, an dem die Lautsprecherboxen beginnen, mörderisch lauten Beat über die Anlage zu schicken. Die Bassrhythmen lassen die Pflanzen rund um den Pool erzittern. Ich suche Zuflucht in meinem Bungalow. Plötzlich: Totenstille. Ich traue meinen Augen nicht. Der Pool ist mit einem Mal leer, die Teilnehmer sind wie vom Erdboden verschluckt. Als wäre nie etwas passiert, die Anlage liegt still und verlassen da. Nur das Buffet wird weiter aufgebaut, ein untrügliches Zeichen, dass das alles kein Traum gewesen sein kann. Grausam waren Gottes Plagen, die die Juden in Ägypten heimsuchten, aber sie hatten ein Ende. Diese hier nicht. Ich genieße die Ruhe und schieße am Strand ein paar schöne Fotos vom Sonnenuntergang. Am Pool treffen die ersten Gäste ein. Ich flüchte in mein Lieblingsrestaurant und lasse mich vorsorglich mit *Saigon Red* volllaufen. An Schlaf wird heute nicht zu denken sein. Auf meinen User-Beitrag für das »*Sasco Blue Lagoon Resort & Spa*« auf *booking.com* freue ich mich jetzt schon.

Der Augenblick
(Phu Quoc/Saigon, 25. September)

Der Spuk sollte um Punkt zweiundzwanzig Uhr zu Ende sein. Davor: Karaoke. Eine Disziplin zum Fremdschämen. Je peinlicher die Darbietungen, desto lauter der Applaus. Um Touristikfachmann werden zu wollen, muss man hierzulande entweder ein schlichtes Gemüt haben oder bar jeder Empathie sein. Beides aber ist in dieser Branche nicht wirklich förderlich. Was mir noch unverständlich ist: Woher nehmen Menschen Kraft und Stimme her, den ganzen Tag und die halbe Nacht über zu schreien? Irgendwann war auch das ausgestanden. Ich habe Ohrenschmerzen und kann die Nacht über natürlich nicht schlafen. Mein letzter Tag auf der Insel. Der Frühstücksraum ist zugemüllt wie immer. Heute sehe ich auch einige andere westliche Touristen. Auch sie wenden sich angeekelt von dem fernöstlichen Desaster ab. Es ist Zeit zu gehen. Noch ein letzter Regenguss, während ich packe. Nicht ungern. Für dreizehn Uhr ist das Taxi bestellt. Ich frage vorsichtshalber nach, ob es dabei bleibt. Unfreundliches Nicken. Vor der Türe steht ein Taxi. Dreizehn Uhr zehn. Ich frage noch mal nach. Gelangweilte Blicke. Dreizehn Uhr fünfundzwanzig. Die Rezeptionistin sieht mich nicht mal mehr an. Um dreizehn Uhr vierzig mache ich einen Vorstoß und erkundige mich nach dem Verbleib des Taxis. Die Dame sieht mich an. »Taxi?«. Sie deutet auf den vor der Türe wartenden Wagen und wendet sich ab. Ich verlasse das Hotel. Für immer. Der Taxifahrer hat ebenso lange auf mich gewartet wie ich auf ihn.

Der Flug dauert nicht mal eine Stunde. *Saigon* versinkt im Abendverkehr. Seltsamerweise aber gibt es kaum Wartezeiten. In meinem alten Hotel bekomme ich ein Zimmer im sechsten Stock, diesmal mit Fenster. Stammgast! Im Zimmer riecht es nach Kaugummi, in Wahrheit sind die Wände frisch gestrichen. Der Boy weiß Abhilfe. Er bringt eine ausgehölte Ananas mit einer brennender Kerze in deren Mitte. Ein anderer Boy kümmert sich inzwischen um den defekten Zimmersafe. Mit einem Nachschlüssel öffnet er völlig ungeniert die verschlossene Box. Der Fehler liegt an der Software. Daraufhin löst er den Safe kurzer Hand aus der Wand und setzt einen anderen ein. Ich traue meinen Augen nicht, bin aber fatalistisch und vertraue dem kleinen Kasten dennoch meine Dokumente an, es bleibt mir nichts anderes übrig. Danach checke ich die Fahrt nach *Vinh Long*, an den *Mekong*. Zur Feier des Tages, und dass ich den chinesischen Insel-Attacken ohne Nachwirkungen entgangen bin, leiste ich mir ein gepflegtes Sushi in der Nähe des Hotels. Einen besseren Thunfisch habe ich nie in meinem Leben gegessen. Dann stürze ich mich in die *Nguyen Hue*, die Edelmeile Saigons. Heute herrscht wieder Hochbetrieb. Laute Musik schallt aus den Boxen, die Bässe wummern. In den Asphalt sind sternförmige Lampen eingelassen, die in allen Farben leuchten. Sind sie immer schon hier oder wurden sie heute zu Ehren meiner Rückkehr verlegt? Zum Gaudium der Kinder zeigen die Wasserspiele was sie können. Vom Fluss weht eine kühle Brise herüber. Massen von Menschen. Die Kleinen sind herausgeputzt wie die Puppen. Sie halten leuchtende Fische, Sterne und Laternen in ihren Händen. Die Seifenblasenverkäuferinnen sind auch wieder unterwegs. Junge Leute sitzen auf der Straße, machen Musik, verfolgen und umarmen einander, sind einfach glücklich. Dazwischen: Breakdancer, Touris, Reisegruppen. *Saigon* quillt über. Zu Füßen von Onkel Ho pulsiert das Leben. Ich schlendere zurück zu meinem Hotel. Meine Ohren sind »zu«. Es fühlt sich an, als wäre ich auf einen Berg gestiegen. Sollte ich zu einem Arzt gehen? Ich bleibe bei einem alten Mann stehen, der kleine Kunstwerke aus Papier verkauft. Drachen. Wenn man an einem Faden zupft, bewegen sie sich. Zwei Kinder betrachten die kleinen Wunder. Mit großem Ernst verfolgen sie den Tanz, den die Drachen für sie aufführen. Der alte Mann ist kaum größer als die Figur aus Papier. Unsere Blicke treffen sich. Aus kugelrunden Augen blinzelt er mich an. Beide beobachten wir die in den Drachentanz versunkenen Kinder. Zwei alte Menschen und zwei junge Geschöpfe. Welten trennen uns. Zwei Papierdrachen verbinden uns. Es gibt nur eine Sprache. Der Alte und ich, wir verstehen einander in diesem Moment. Auch dieses Augenblicks wegen hat sich die Reise gelohnt.

Die Chinesenstadt (Saigon, 26. September)

Ein sauberes Hotel. Ein sauberer Frühstücksraum. Ich weiß es mir zu schätzen. Heute mache ich einen Ausflug nach *Cholon*, das *China Town Saigons*. Ende der Siebziger-Jahre, im Zuge der Säuberungsaktionen flohen viele Chinesen vor den neuen nordvietnamesischen Machthabern. Inzwischen sind sie wieder da. Vietnam hat längst den Kapitalismus entdeckt, auch den chinesischen. »*Cholon*« heißt: »Großer Markt«. Und das ist er auch. Unzählige Geschäfte, Stände, Straßenbuden stehen dicht an dicht. Ich gehe eine sehr lange Straße, direkt vom *Bezirk 1* los, die *Tran Hung Dao*. Sie misst endlose zehn Kilometer (nur zum Vergleich: Das entspricht der Distanz von der Wiener Staatsoper bis zum Schloss Schönbrunn). Interessant ist die Metamorphose, die die Straße nimmt. In der Innenstadt ist sie Boulevard, je näher man *Cholon* kommt, umso schmaler wird sie, bis sie endlich dörflichen Charakter annimmt und jäh vor einer katholischen Kirche endet, der *Cha-Tam Church*. Sie hat zeitgeschichtlich eine nicht unwesentliche Rolle gespielt: Am 2. November 1963 fuhr ein Panzer der nordvietnamesischen Armee vor, die Soldaten verhafteten den verhassten südvietnamesischen Präsidenten *Ngo Dinh Diem* und dessen Bruder, die sich in der Kirche versteckt hielten. Beide hatten sich durch ein unterirdisches Tunnelsystem aus dem Präsidentenpalast hierher geflüchtet. Und genau hier kapitulierte

Dinh Diem. Er wurde in die Innenstadt überführt, die Ankunft hat er nicht mehr erlebt. Er und sein Bruder wurden unterwegs gelyncht. Eine Jubelstimmung erfasste das Land. Alle politischen Gefangenen wurden freigelassen. Das »alte« Regime hatte ausgedient. Unmittelbar darauf wurde ein weiterer Präsident ermordet – in *Dallas, Texas*. Verschwörungstheorien zufolge war *Dinh Diems* Familie an der Ermordung *Kennedys* beteiligt. Der Krieg in *Vietnam* war damit allerdings keineswegs beendet, er trat in eine neue Phase ein. Die Amerikaner stiegen offiziell als Kriegsgegner Nordvietnams ein.

Mein nächstes Ziel ist der *Binh-Tay-Market*. Ein riesiger, gedeckter Markt, sehr sauber. Hier gibt es nichts, was es nicht gibt. Ich bin hier, weil ich einen exquisiten Stoff suche. Ich entscheide mich für zwei verschiedene Seidenstoffe und greife zu Farben die mich ansprechen. Da ich nicht weiß wie viel Stoff man für ein Kleid benötigt, bin ich den Verkäuferinnen ausgeliefert. Ich kaufe bei verschiedenen Ständen ein. Es wird gefeilscht was das Zeug hält. Mir macht es Spaß und den Damen offensichtlich auch. Ihr erster Preisvorschlag ist natürlich überzogen. Auch ich nenne meinen »ersten« Preis. Irgendwo treffen wir uns. Ich schieße Erinnerungsfotos. Es ist brütend heiß hier drinnen. Ich muss etwas trinken, essen wäre auch nicht übel, es ist nach vierzehn Uhr. Ich schlendere an Geschäften vorbei, die klein geschnittene Zweige, Äste und Holzfasern verkaufen. »Apotheken« bieten chinesische Naturheilmittel an: Eingelegte Schlangen, Echsen, kleine Krokodile, Seepferdchen – und jede Menge Salben und Tinkturen. Einiges davon steigert Potenz und Lust.

Ich verzichte dennoch auf ein Schlangenschnäpschen und betrete ein chinesisches Restaurant. In dem riesigen Speisesaal bin ich der einzige Gast. Gebratene Nudeln, Meeresfrüchte. Mäßig einfallsreich. Ich möchte mir noch einige Pagoden ansehen, aber ich habe keine Straßenkarte bei mir. *Cholon* ist weit von meinem Hotel entfernt. Zudem spricht man hier nur Chinesisch. Mein Vietnamesisch ist noch immer nicht vorhanden, Chinesisch aber bringt mich vollends zur Verzweiflung. Da ich nicht mal die erste Pagode finde, gebe ich frühzeitig auf. Ich bin seit in der Früh unterwegs, allmählich melden sich Erschöpfungssymptome. Vier Wochen Reisen gehen in die Knochen. Ich winke dem erstbesten Motorradfahrer zu und brumme zurück ins Hotel. SMS aus Wien: Es ist kalt, es regnet, der Herbst ist da. In *Saigon* hat es gefühlte hundertzwanzig Grad. Am Abend muss ich packen, morgen früh geht's wieder los: Der *Mekong*. Welch ein Abschluss!

Vollmond über dem Mekong
(Saigon/Can Tho, 27. September)

Ich verlasse *Saigon* im Morgengrauen. Das alte Spiel: Auschecken, Gepäck versorgen (der große Rucksack bleibt im *Silverland Boutique Hotel*). Das Taxi ist pünktlich. Aber es ist nur der Zubringer zum eigentlichen Bus. Das Einsammeln zur Klassenfahrt beginnt. Pauschalreisen sind nicht meines. Sie bedeuten Verlust von Individualität. Bereits das Planen einer Reise bereitet mir größten Spaß und die Spannung, zur richtigen Zeit am richtigen Ort zu sein, erfüllt mich mit prickelnder Vorfreude. Ich begreife Reisen im buchstäblichen Sinn als Erfahrung und Bewusstseinserweiterung. Reisen ist Leben und die Lust besteht darin, meine Erwartung mit der Wirklichkeit zu konfrontieren. Statt zu denken wie die Dinge sein könnten, sie so zu sehen, wie sie sind. Nirgendwo anders verkehren sich Vorurteile so schnell ins Gegenteil wie beim Reisen. Nicht so beim Pauschaltourismus. Hier erfüllen sie sich. Während wir uns von Hotel zu Hotel stauen, mache ich mir Notizen. Anfahren, Stehenbleiben, vorwärts, rückwärts. Es ist nicht leicht, während des Fahrens im Frühverkehr ein paar gerade Sätze zu notieren. Ich mache es kurz: Bis alle Teilnehmer eingesammelt sind vergehen zwei Stunden. Eingezwängt zwischen Fenstern und einem gut gelaunten indischen Familienvater, rollen wir in Richtung *Mekong*. Nach einiger Zeit ist Pinkelpause. Unnötig zu sagen, dass wir genau da Halt machen, wo Souvenirs verkauft werden und wo man leckere Burger essen kann. Hundertsiebzig Kilometer später sind wir in *Vinh Long*, dem klassischen Einstiegsstädtchen zum *Mekong Delta*. Wir werden auf einen Kahn verladen. Die Gruppe ist dank unseres launigen Reiseleiters bestens drauf. Er hat es bereits zu Beginn der Fahrt im Bus geschafft uns zu animieren. Die Frage: »*Feel you good?*« wurde vorerst mit einem noch unbefriedigenden »*Yeah*« beantwortet, wohingegen die um eine Terz höhere Nachfrage: »*Feeeel you gooood?*« die von ihm erwartete Wirkung brachte. Mein Nachbar, der Inder, hat alle subkontinentale Contenance über Bord geschmissen und ein bestens gelauntes »*Yeah, man!*« gebrüllt. Frau und Kind sahen ihn erschrocken an. Zu seiner Ehrenrettung: Er war beileibe nicht der Einzige, der seine Hemmschwelle außen vor ließ. Ich begann mich bereits vor der »Vorstellungsrunde« zu fürchten, auf der Reise zur *Ha-Long-Bay* ein sicherer Stimmungsbringer. Dazu ist es aber zum Glück dann doch nicht gekommen. Außer mir sind noch drei polnische Testosteron-Cornettos an Bord, ein paar asiatische Damen (samt dazugehörigen Herren), die sogleich eine Leader-Position innerhalb der Gruppe einnehmen und noch einige weitere fade Paare. Und, als Einzelreisende, eine Neuseeländerin mit langweiligem Gesicht. Wir werden also auf einen Kahn verfrachtet. Unser Reiseleiter (»*Call me: Ho-Hi!*«) betont mit Nachdruck, dass es sehr wahrscheinlich regnen würde, gestern um diese Zeit hat es geschüttet. Daraufhin stürmt die asiatische Gruppe die zufällig in der Nähe befindlichen Souvenirstände und deckt sich mit Schirmen und Regenpelerinen ein. Die

Polen und die übrigen Schlaftabletten (inklusive der Neuseeländerin) stehen ihnen in nichts nach.

Wir befahren den *Mekong,* vorbei an Booten, die sich
wie Satelliten an das Unsrige heften. Nach einiger Zeit
erklärt »Ho-Hi«, den *Floating Market* erreicht zu haben.
Ich kenne diese Märkte aus *Thailand*, dieser hier verdient
die Bezeichnung keineswegs. Einige Boote bieten Schirme
und Regenpelerinen an. Die Asiatinnen und ihre Partner
kaufen was das Zeug hält. Auch die Polen schlagen wieder zu, von der Neuseeländerin ganz zu schweigen. »Ho-
Hi« drängt zum Aufbruch, die nächste Attraktion wartet.
Eine kleine Manufaktur stellt Reispapier her. Unser Animator ist Hellseher, genau das, was ich immer schon zu
sehen wünschte. Aber wir erfahren noch mehr: Im selben
Aufwaschen wird uns auch die Herstellung von Reiswaf-
feln und *Coconut-Candys*, samt Verkostung, vorgeführt.
Unnötig zu sagen, dass am Ausgang ein kleiner Verkaufs-
stand für Schirme und Regenpelerinen eingerichtet ist.
Danach geht's zu einer Honigfarm. Ein Mann hält einen
Holzrahmen hoch, der von Bienen übersät ist. Ich vermute, dass es sich um Attrappen handelt, keines der Tierchen bewegt sich. Nun müssen wir uns nach Anleitung
von »Ho-Hi« rund um einen Tisch setzen und jeder von
uns bekommt eine Tasse Tee. Die Asiatinnen verziehen
das Gesicht, so bitter ist das Gebräu. Darauf scheint man
hier nur gewartet zu haben. Wie aus dem Nichts taucht
eine Frau mit einem Schälchen Honig auf, und nun
beginnt das Wunderbare: Ein Tröpfchen genügt und das
Ungenießbare verwandelt sich in einen süßen Hochge-
nuss. Die Damen nicken überrascht. Der indische Fami-

lienvater rollt mit den Augen. Frau und Kind blicken ihn ernst an.

Zur allgemeinen Überraschung wird der Honig zum Verkauf angeboten. Bevor die Asiatinnen ihre Börse zücken, wird es einem der Polen zu blöd und er wirft seinen Kumpels einige offenbar unübersetzbare Worte zu. Heiseres Gebrüll ist die Antwort. Die Honigverkäuferin sucht erschrocken das Weite. Es geht zurück zum Boot, nicht ohne vorher noch ein paar Souvenirstände passiert zu haben. Nun folgt der Höhepunkt des heutigen Ausflugs: Eine Fahrt in viersitzigen Booten durch die Wasserstraßen von *Cai Be*. Unsere Gruppe ist dank »*Ho-Hi*« bestens organisiert. In Windeseile sitzen wir in unseren Gefährten und schon geht es los. Ein hübscher Kanal, an beiden Seiten tropischer Urwald. Auf der rechten Seite sehe ich eine Touristengruppe, die uns am Flussufer entgegenwandert. Wir winken einander fröhlich zu und – halten an einem kleinen Bootssteg. Auf das Kommando »*Over the bridge and then right!*« setzen wir uns im Gänsemarsch in Bewegung. In kleine Boote geschlichtet kommt uns die nächste Touristengruppe entgegen, der wir ebenso fröhlich zuwinken. Der Hin- und Retourweg, inklusive Bootsfahrt und Rückmarsch, waren keine zweihundert Meter lang. Wir gelangen zu einer Bretterbude, in der wir Platz nehmen. Die Verkostung einheimischer Früchte ist angesagt. Jeder von uns bekommt ein kleines Körbchen, in dem, in Plastik eingeschweißt, Bananen-, Apfel- und Ananasstückchen liegen. Während wir uns durchkosten, beginnen zwei betagte Künstler mit ihrem Vortrag. Mit großer Gestik und Mimik stellen sie romantische, dörfliche Szenen dar: Ein junges Mädchen und ihr Auserwählter begegnen einander an einem Flussufer, sitzen im Mondschein und gründen alsbald eine kleine Familie. Zumindest habe ich es so verstanden. Die Asiatinnen samt Anhang sind entzückt, die polnischen Kraftpakete bekommen einen Lachanfall und die Neuseeländerin bleibt langweilig. »Ho-Hi« bedeutet den Künstlern, sie mögen ihre Darbietung etwas kürzen, die Vorstellung ist unmittelbar darauf zu Ende (wie die Geschichte ausgegangen ist, weiß ich nicht). Wir bezahlen die konsumierten Getränke, sie sind im Preis nicht inbegriffen. Nun ist auch der Programmpunkt »*Make a trip through the villages, taste the fruits of the region and meet the local people*« abgehakt. Rein ins Boot, raus aus dem Boot. Lunchzeit. In einem eingeschweißten Schau-Teller sehen wir, was auf uns zukommt: Reis, Kraut und Fleisch, natürlich im Preis inbegriffen. Getränke sind wieder extra zu bezahlen, das ist klar. Die Damen stürzen sich auf das Essen, die Polen rotten sich unheilvoll zusammen. Ich bestelle eine Extraportion Reis (gegen Aufpreis) und verfeinere mit HEINZ-Chili-Sauce. Fahrräder sind bereits vorbereitet, die versprochene Landpartie ins Hinterland beginnt unmittelbar nach dem Lunch. »*Ho-Hi*« drängt aber zum Aufbruch: »*I think, it will rain soon!*«. Alle huschen in Richtung Boot, die Regenpelerinen sind schon ausgepackt und die (als einzige) radelnden Polen werden zurückbeordert.

Auf dem Boot haben wir eine Unterweisung, wie wir uns bei Starkregen zu verhalten haben, von welcher Seite der Guss zu erwarten ist und wie wir uns auf der entgegensetzten Seite aneinander zu kuscheln haben (dazu werden wir unter großem Hallo nach unserem Gewicht befragt). Diesmal rollt die Neuseeländerin mit den Augen, die Asiatinnen kichern und die Polen werfen sich schlüpfrige Bemerkungen zu. Wir tuckern eine breite Wasserstraße entlang. Ich bin derart erschöpft vom Gruppenleben, dass ich in tiefen Schlaf falle. Zu meinem Glück erwache ich rechtzeitig zum Aussteigen. Das Erste, was mir auffällt: Es hat nicht geregnet. Der Himmel ist blau wie (inzwischen) auch die Polen. Es geht zurück zum Bus. Jeder von uns muss bekannt geben, ob er einen oder zwei Ausflugstage gebucht hat. Da ich zu den Zweitäglern gehöre, werde ich in einen anderen Bus gesetzt. Die Türen schließen. Lautes Klopfen an die Scheibe schreckt mich auf. Ich blicke in »Ho-His« vor Schreck geweitete Augen und er bedeutet mir, sofort auszusteigen. Warum ich um Himmels Willen im *Saigon*-Bus sitze, wo ich doch zwei Tage gebucht habe? Schlechten Gewissens und unter Kopfschütteln der Asiatinnen zwänge ich mich aus dem Bus und begebe mich zu meiner neuen, nunmehr kleineren Gruppe. Die Neuseeländerin blinzelt herüber, die Polen glotzen mich aus wässrigen Augen feindselig an. Ein anderer Guide heißt uns herzlich willkommen. Morgen soll es auf einen »richtigen« *Floating Market* gehen, meint er glücksstrahlend. Jetzt aber werden wir ins Hotel verfrachtet. Es stellt sich heraus, dass die Polen und die Neuseeländerin *Homestays* gebucht haben. Das bedeutet, dass sie in Zelten im Dorfverband übernachten dürfen. Und als besonderes Zuckerl: Sie werden per Motorrad geshuttelt. Die Neuseeländerin blickt ungläubig in die Runde: Sie hat einiges auf den Rippen und ist obendrein nicht mehr ganz jung, die Laune der abenteuerlustigen Polen hingegen hebt sich. Zu diesem Zeitpunkt verlasse ich das Gruppenleben gar nicht so ungerne.

Ich stürze mich ins Nachtleben von *Can Tho*. Die nette Dame hinter der Rezeption meines Hotels versucht mir mit Händen und Füßen zu erklären, was heute gefeiert wird. Ich verstehe genau nichts, ich bin viel zu weit ins Hinterland vorgedrungen, als dass eine sprachliche Verständigung möglich wäre. Ich spaziere eine kleine Gasse entlang, in der Hoffnung ins Zentrum zu gelangen. Neben mir nehme ich etwas wahr. Ein Mädchen von etwa sieben Jahren, auf einem nagelneuen Fahrrad, sieht mich staunend an. Sie fährt wohl schon eine Weile neben mir her. Sie fragt: »*Was ich denn so mache?*« Ich sage: »*Ich spaziere da einfach so vor mich hin*«. Sie radelt weiter, wendet und fährt wieder einige Zeit neben mir. »*Wohin ich denn so spaziere?*«, will sie wissen. »*Zum Fest*«, sage ich. Sie verschwindet, dann ist sie wieder da. »*Wie ich heiße?*«, will sie wissen. Ich sage: »*Han Fang Wu*«. Sie sieht mich von der Seite an und kneift die Augen zusammen. Dann lacht sie, tritt in die Pedale, macht eine große Kurve – und holt mich wieder ein. Jetzt blickt sie mich ernst an. Ich bleibe stehen. Ich sage, »*… dass ich aus Wien komme und dass ich bald wieder dorthin zurückfahren werde*«. Sie legt den Kopf in den Nacken, überlegt. »*Chen Lu*«, sagt sie, »*… das bedeutet Morgentau*«. Ich gehe in Richtung Flussufer. Zum Abschied winken wir einander zu. Ich werde die Kleine nie mehr wieder sehen – sie den seltsamen Herrn *Wu* auch nicht. Aber ein Gespräch war doch möglich. Im Hotel konnte ich mich nicht verständigen. Mit diesem kleinen Mädchen schon. Obwohl nicht ein einziges englisches Wort fiel. Sie sprach in ihrer Sprache, ich in meiner. Aber wir haben einander verstanden.

Die ganze Stadt ist auf den Beinen, der Nachtmarkt ist in vollem Gange. Auf der schönen Flusspromenade steht ein goldenes Standbild von Onkel Ho. Auch in *Can Tho* winkt er seinen Enkeln zu. Den Urenkeln auch. Sie halten Luftballons in Form von verschiedenen Tieren in der Hand. Viele haben auch beleuchtete Laternen. Könnte es der Tag des Kindes sein? Oder Lichtfest? Den vollen Mond können sie nicht feiern, der hängt als eine noch reichlich verbeulte Kugel am Himmel. Ich habe noch selten so viele glückliche Menschen gesehen. Hell beleuchtete Häuser aus der Kolonialzeit stehen neben hübschen alten Häusern der *Nguyen*-Dynastie. *Can Tho* ist die größte Stadt am *Mekong*, Hauptstadt der hiesigen Provinz und das kulturelle und logistische Zentrum der Region. Heute Abend will auch ich feiern, ich habe immerhin Ausgang von meiner Gruppe. Ich suche ein schönes Restaurant, es gibt hier so viele. Ein Schiff sticht mir ins Auge. Ein Restaurantschiff. Es ist über und über mit Lampions behängt. Ich setze mich aufs obere Deck. Neben mir nimmt eine elegante Dame Platz. Ich fächle mir Luft zu – trotzdem es schon spät ist, ist es heiß und stickig. Sie fragt, ob man diesen Fächer hier im Restaurant bekommt. Ich sage: »*Nein, den habe ich mitgebracht.*« Ich sage: »*Möchten Sie ihn haben?*«. »*It would be lovely*«, dabei nimmt sie ihn mir aus der Hand. »*You know, my husband and I, we came from Colorado, USA. It's a long journey, you know. This is my husband, as you see!*«. Der Herr gegenüber nickt freund-

199

lich. »*Thirty hours*«, sagt sie, »*Now, we're back home! 1975 we had to go out from here as Boat-People, you know?*« Alles klar. »*And you? Where are you coming from?*«

Ein Wort gibt das andere. Frau *Li* ist eine Plaudertasche. Was sie im Mittelwesten wohl so macht? Haben die *Lis* ein vietnamesisches Lokal? Oder handeln sie mit Asiatika? Unterrichtet Madame als Sprachdozentin an der *Colorado State University?* Am Nebentisch erhebt sich ein bereits reichlich illuminierter Mann und prostet mir zu. Er stellt ein Glas Bier vor mich hin. Nach einiger Zeit bringt ein Kellner einen Teller Suppe. Am Nebentisch heben jetzt auch seine Freunde die Gläser und lachen mir erwartungsfroh zu. Geschenke darf man nicht ablehnen, also löffle ich die Suppe und trinke das Bier – während Madame von ihren Kindern erzählt. Als nächstes landet ein Teller Reis vor mir, nebst Gemüse und, als Krönung, ein fettes Shrimps obenauf, gespendet von nebenan. Die Sache wird mühsam. Madame *Li* umfasst meine Hand, mit der anderen fächelt sie mir zu. Ich kriege volle Kanne ihr schweres Parfum ab. Auf der Bühne gibt eine Sängerin mit sehr hoher Stimme Lieder zum Besten. Die Herren am Nebentisch kommen immer mehr in Fahrt. Wie ich heiße, brüllt mir die *Li* ins Ohr. »*Michael*«, rufe ich zurück. »*Mikael?*« Warum ich das nicht gleich gesagt hätte, herrscht sie mich an und lacht wiehernd. Auch ihr Mann ist bester Laune, aber sichtlich ohne verstanden zu haben, worum es geht. »*Mikael! How nice!*«. Zu diesem Zeitpunkt ist mir klar, dass ich den Rückzug anzutreten habe. Die Herren nebenan erheben schon wieder ihre Gläser in meine Richtung und grölen Trinksprüche. Madame *Li* schnattert in einer Tour, jetzt beginnt sie von ihren Knieschmerzen zu berichten. Ich winke dem Kellner zu, bestelle eine Runde für den Nachbartisch, verabschiede mich herzlich von Madame, schreibe ihr noch rasch eine nette, aber unleserliche Widmung auf den Fächer und verlasse das Oberdeck um dem Übermaß gegenseitiger Liebenswürdigkeit zu entgehen. Unten möchte ich von Bord gehen, mit einem Schritt bin ich schon aus dem Schiff … Die Empfangsdame und ein Portier verhindern das Schlimmste: Unter mir gähnende Finsternis. Ich war wohl der Einzige an Bord, der nicht wusste, dass ein Schiff nicht dazu gemacht ist im Hafen zu liegen. Während ich auf Deck Freundschaften fürs Leben geschlossen habe, sind wir still und heimlich in See gestochen. Das Ufer grüßt aus weiter Ferne. Die Empfangsdame erklärt mir, dass mich ein Boot abholen werde, sie würde nur gerne vorher meine bezahlte Rechnung sehen. Unmittelbar darauf hält tatsächlich eines der Zubringerboote und spült eine neue Ladung Gäste an Deck. Ich verlasse das Schiff und tuckere unter einem betörend schönen Sternenzelt, das aussieht, als ob Kinder ihre Wünsche in kleinen leuchtenden Papierschiffchen der Unendlichkeit überantwortet hätten, dem Ufer entgegen. Hinter mir verlieren sich Madame *Li*, ehemaliges Mitglied der *Boat-People-Generation* und meine illuminierten Freunde vom Nebentisch in der Dunkelheit des südchinesischen Meeres. In wenigen Tagen wird der volle Mond den Kindern erneut ein übermütiges Fest schenken. In meinem Herzen trage ich die kleine *Chen Lu* und das lautlos dahin gleitende Schiff mit mir nach Hause. Am Rückweg kaufe ich, als Erinnerung an den schönen Abend, einen neuen Fächer.

Von Schlangen und Fröschen
(Can Tho, 28. September)

Um fünf Uhr fünfundvierzig aufgewacht. Für vietnamesische Verhältnisse normal. In den Tropen lebt man mit der Natur. Mein Guide holt mich vom Hotel ab, wir gehen zu Fuß zum Pier. Hier beginnt die heutige Tour. Nach halbstündiger Fahrt erreichen wir den *Floating Market*. Die Bauern kaufen und verkaufen ihr Gemüse: Heute sind es Süßkartoffel, Kürbisse, Melonen, Ananas. Danach werden wir zu einem Familienbetrieb gebracht, der Reisnudeln herstellt. Der große, düstere Raum wird ausschließlich von der Glut offener Feuerstellen erhellt. Der Teig dämpft in großen, runden Formen. Nach einer Minute werden die Fladen herausgenommen und auf Matten getrocknet, bevor sie von den Frauen zu Nudeln geschnitten werden. Gleich daneben liegt ein BBQ-Restaurant, von unserem Guide begeistert angekündigt. Eine kleine Farm, in deren Garten sich eine Grillstation befindet. Hier wird so ziemlich alles, was rundum in Tümpeln und Teichen lebt, oder besser – gelebt hat, verarbeitet. Frösche, Schlangen, Wasserschildkröten, Schlämmlinge und anderes Getier. Ich stehe im Grill-Dampf der armseligen Kreaturen und … mir dreht es, sehr zum Gaudium unseres Guides, erwartungsgemäß den Magen um. Die Mutigsten unserer Gruppe greifen zu, für mich als Fisch-Vegetarier kein akzeptables Angebot. Über schmale Wege wandere ich durch die weitläufige Anlage, finde inmitten von Papaya-

und Bananenstauden ein ruhiges Plätzchen und packe mein Schreibzeug aus. Früher hatte ich Geschichten in Theater- oder Filmbilder übertragen. Jetzt verwandle ich Lebensbilder zu Geschichten. Ein ähnlicher Vorgang, nur umgekehrt. Ich war und bin Beobachter. Und: Ich bin süchtig nach Menschen. Ob es gelingt, möge dem Urteil jener überlassen bleiben, die sich von mir zum Lesen verführen lassen. Was ich aber weiß ist dies: Selten hat mir etwas mehr Glücksgefühle beschert, als der Versuch, meine Erlebnisse in Worte zu fassen. Ich sitze also in dieser Laube, inmitten von tropischen Pflanzen und Amphibien jeglichen Stadiums, schreibe, korrigiere, schreibe … und warte auf die Weiterfahrt. Eine neue Woche hat begonnen. Eine Woche, in der ich meine Reise beenden und nach Hause zurückkehren werde.

Per Boot geht es nach *Can Tho.* Zwei Stunden Pause. Ich streife durch die jetzt menschenleere Stadt, dort, wo gestern die große Fete war. Jetzt weiß ich auch, was gefeiert wurde. Es war das »Mitherbstfest«, das *Trung Thu.* Es wird am fünfzehnten Tag des achten Mondmonats gefeiert. Und – es ist das Fest der Kinder und der Näschereien: Mondkuchen aus Klebreis, Lotussamen, Enteneigelb und Rosinen. In einem chinesischen Laden kaufe ich rote Glücksbringer. Über *Vinh Long* rollen wir zurück nach *Saigon.* Die Stadt hat sich ein besonders schönes Willkommensgeschenk ausgedacht: Ein Regenbogen in den schönsten Farben umspannt die Stadt, vom *Saigon River* im Osten, bis hinauf in die Ebene von *Hoc Mon,* in der Nähe des Flughafens.

Das letzte Kapitel (Saigon, 29. September)

Der Tag beginnt mit einem gehörigen Schrecken. Mein Pass ist verschwunden. Nicht komisch wenn man praktisch schon auf dem Weg zum Flughafen ist. Ich suche das Zimmer systematisch ab. Dann vollziehe ich die Gänge und alle Tätigkeiten von heute Morgen nach. Ich gehe hinunter in den Frühstücksraum, zur Rezeption, ich gehe wieder hinauf aufs Zimmer, öffne alle Kästen, Schränke, sehe im Badezimmer nach, im Safe. Der Pass bleibt unauffindbar. Ich nehme den Rucksack vom Bett, um in meinen Unterlagen nach der Nummer der Österreichischen Botschaft in *Hanoi* zu suchen. Da liegt der Pass. Auf dem Bett. Da liegt er. Also doch. Reisefieber. Und ich dachte, ich wäre cool. Bin ich, und bin es auch wieder nicht. Heute nicht. Ich freue mich auf zu Hause. Auf dich. Mehr als ich es ausdrücken kann. Das Taxi bringt mich durch das immer gleiche Verkehrschaos zum Flughafen. Kaum eine Straße, durch die ich nicht gegangen bin. Der *Jadekaiser*, der *Ben-Than-Market*, dort drüben liegt das »*Café Mondial*«, die Brautpaare vor *Notre-Dame*, das Restaurant der »geflüsterten Glücksmomente«, *China Town, Cholon*. Was habe ich in diesen fünf Wochen nicht alles erlebt. Spannendes, Unerwartetes, Aufregendes, Schönes. Ich habe eine neue Welt kennen gelernt. Ich habe ein Land kennen gelernt, das mir so viel von sich erzählt hat. Menschen, die so lange, so sehr um ihre Freiheit gekämpft haben. Ein Kampf, der viele Jahrzehnte dauerte und viele Opfer gekostet hat. *Vietnam* ist ein schönes, reiches, stolzes Land. Ein Land voller Mythen, Geschichten, voll von zauberhaften Geheimnissen. Ich bin stolz und berührt, so vieles davon erfahren und gesehen haben zu dürfen. Seit Langem schon wollte ich diese Reise unternehmen. In den letzten Wochen war ich sehr viel alleine mit mir. Und mit dir. Wir beide waren gemeinsam unterwegs. Seit damals, als wir uns zum letzten Mal umarmt hatten, damals, vor einer kleinen Ewigkeit. Jetzt kann ich es dir sagen: Ich habe deine Hand nie losgelassen. Das war mein Geheimnis. So warst du immer bei mir. Das, was ich geschrieben habe, habe ich für dich geschrieben. Es ist mein Geschenk an dich. Du hast mir diese Zeit geschenkt. Und ich schenke dir dieses Buch. Möge dir dieses Land so nahe sein, wie mir. Es hat mich berührt. Sehr sogar.

Danke, dass du bis hierher gelesen hast. Ich schließe jetzt. *Flug OS 026* der Thai Airways ist überpünktlich. Wir sind im Anflug auf *Wien Schwechat*. Die Reise ist zu Ende. Ich schnalle mich an, schließe die Augen – und lande in deinen Armen. Mein Schatz!

Brioni, Abbazia, Fiume – das sind die klingenden Namen der Kur- und Badeorte an der einstigen k. u. k. Riviera. Wer heute durch Brijuni, Opatija oder Rijeka schlendert, trifft noch immer auf den Charme vergangener Zeiten.

Helmut Luther begibt sich auf nostalgische Entdeckungsreise von Meran über den Gardasee bis nach Triest und Pula ins einstige Österreichische Küstenland. Unterwegs begegnet er historischen Persönlichkeiten wie den Bildhauern und Malern Peter und Paul Strudel, Ingenieur Carlo Ghega, Mozart-Konkurrent Antonio Salieri, der Schauspielerin Nora Gregor, dem Industriellen Paul Kupelwieser und vielen anderen. Gestern und Heute, Berge und Meer – entdecken Sie die k. u. k. Sehnsuchtsorte aus einer Zeit, als Österreich am Meer lag.

....

Helmut Luther

Österreich liegt am Meer

Eine Reise durch die k. u. k. Sehnsuchtsorte

288 Seiten, mit zahlreichen Abbildungen
ISBN 978-3-99050-072-9
eISBN 978-3-903083-58-5

Amalthea   amalthea.at

Witziges und Weises
aus einem reichen Künstlerleben

Publikumsliebling, Theaterlegende, Regisseur des Sprechtheaters und der Oper auf den Bühnen der ganzen Welt, Interpret klassischer und eigener Texte, um die Fantasie der Zuhörer zu beflügeln, und inzwischen auch Bestsellerautor, das alles ist Otto Schenk.

Gott sei Dank kann er's auch in der literarischen Sparte nicht lassen: Sein neuester Wurf bietet eine Fülle neuer Eindrücke, Beobachtungen und Ereignisse aus seiner Welt des Theaters und des täglichen Lebens. Immer wieder scheint in diesem lustvoll-kritischen, oft zu herzhaftem Lachen verleitenden Buch Otto Schenks Liebe zu seiner Heimatstadt Wien durch und seine große Zuneigung zu den Autoren Johann Nestroy, Arthur Schnitzler und Ödön von Horváth. Aber auch Pointiertes über Zeiterscheinungen und Biografisches, Gedanken zum Jungsein und Älterwerden fehlen nicht in diesem facettenreichen Kaleidoskop.

Otto Schenk

»Ich kann's nicht lassen«

Rührendes und Gerührtes

256 Seiten, mit zahlreichen Abbildungen
ISBN 978-3-99050-055-2
eISBN 978-3-903083-38-7

Amalthea   amalthea.at